87歳!

達人コモリがおすすめする

超元気ソマチッド温泉

小森威典

ヒカルランド

達人の若さ秘訣はソマチッド

「温泉達人」コモリタケノリ。
87歳には見えない肌のツヤと眼光は、古代ソマチッドの微粒子が入った化石を毎日使い、体内の血の巡りをよくしているおかげ。
オススメの「超元気温泉」には、古代ソマチッドがふんだんに含まれている。

名湯は宇宙の恵みそのまんま

奥飛騨ガーデンホテル焼岳（岐阜県）

善七乃湯（山形県）

オススメの名湯は、大自然を身近に感じられるロケーションが特徴でもある。
成分を大事にしたお湯はどこまでも美しく、宇宙の恵みが手つかずに込められている。

本物の湯にこだわって超元気

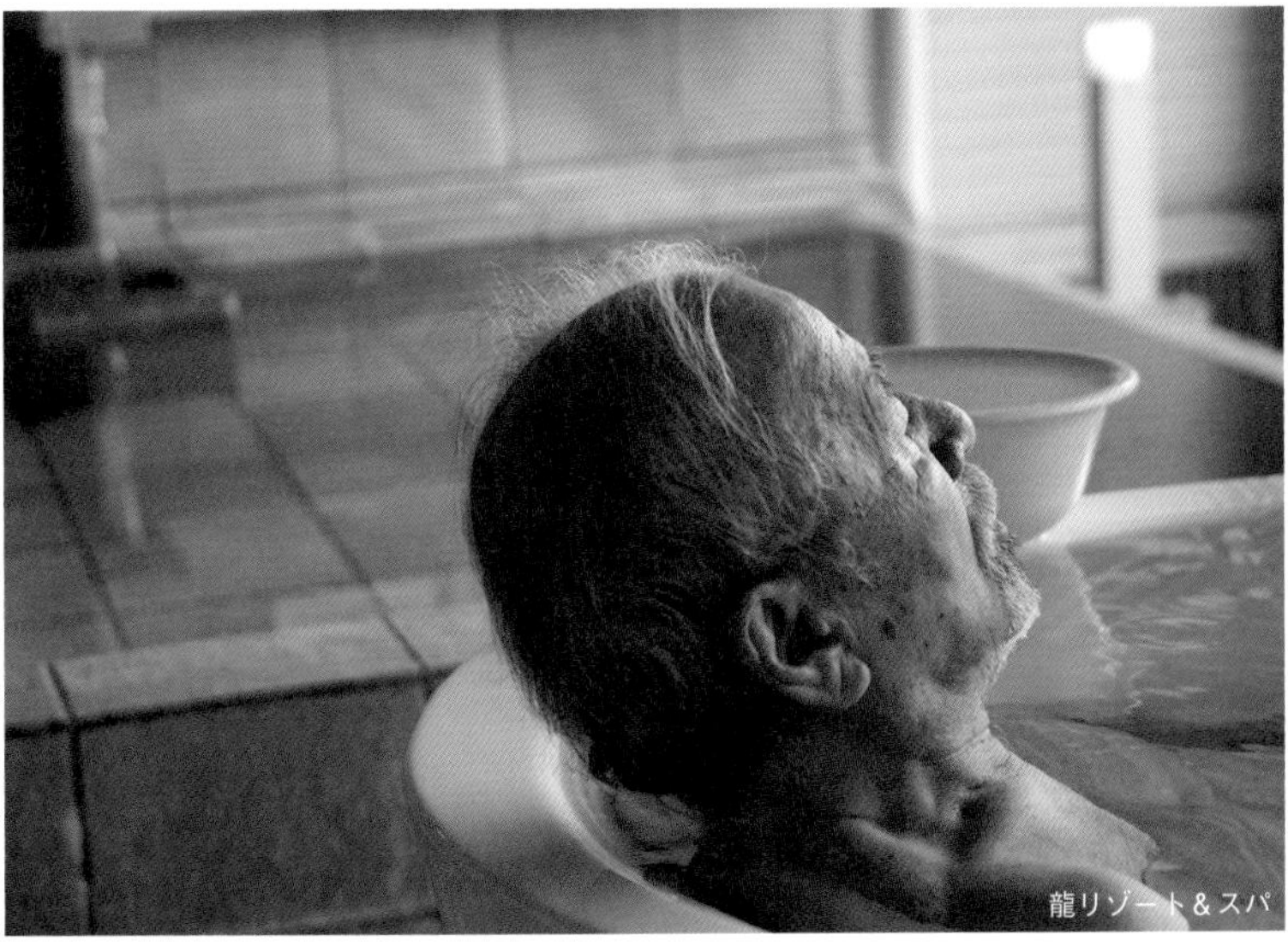

番組作りのために取り組み始めた全国の温泉行脚。
徹底的に「本物」を求める姿勢は何十年も一貫し、ブレがない。
自らの超元気さが「温泉達人」の証明でもある。

源泉に何も加えず生きたお湯

こんこんと地底から湧き続けるお湯の恵み。
水を加えて薄めたりしないのが「本物」の条件だ。
適温を保つ工夫が「超元気温泉」には生きている。

心身の目覚め促し健康美

大丸あすなろ荘（福島県）

大丸あすなろ荘

自然の中で全身を心地よく刺激する温泉の魅力。
微粒子の古代ソマチッドの作用が加わり、細胞の活性化を生む。
選りすぐりの「美人の湯」は、健康増進と一石二鳥だ。

長年の現地取材は裏切らず

大丸あすなろ荘

割烹旅館横浜「藤よし」伊豆店（静岡県）

実際に訪れることもなく、情報だけでわかった気になる風潮の中、「達人」コモリは現地取材を重ねてきたのが強みだ。

自信をもって薦める湯に、「偽物」が紛れ込む余地はない。

活力は旬の命をいただいて

美湯の宿（長野県）

加満田（神奈川県）

温泉旅館で「超元気」となるには、食の要素も大きな条件を握る。
「達人」オススメの宿は、地産の旬の食材を中心に「食べる喜び」が味わえる。

温泉と出会い心に灯がともる

昭和11年生まれの「達人」コモリ。
この本を出す動機には、心ある人に「本物」の温泉経験をしてほしいという強い願いがある。
浮沈を繰り返してきた人生航路の総決算。
温泉を通じて、より多くの人たちの心に灯がともりますように……

「達人」巻頭言

記憶力が悪く、テレビ局のスタッフにもバカにされるような新米プロデューサーの私が、日テレ系の月曜夜9時からの情報番組枠で温泉番組を作ったら大ヒット。チーフプロデューサーに「ホームランバッター」とほめられ、NHKからも企画書を出してほしいと電話が来るほどになった。

温泉番組を作るために、本物だけを取り上げようと温泉旅館を徹底的に取材した。本物かどうかを見分けるには、源泉湧出口を調べなければならない。湧出口は、旅館の敷地内にあるとは限らず、崖の上であったり、3キロメートルも離れた山の中にあったりで、命がけで取り組まないと探し当てられない。名旅館と言われるところでも、源泉湧出口を隠して教えてくれないところも多く、偽物だと判断してすぐに引き上げた。

全国の温泉取材に当たっては、恩人が何人もいる。朝日旅行会のオーナー社長だった岩木一二三さんは、最初なかなか会ってくれなかったが、美人スタッフを連れて行ったら会ってくれた。そこで紹介されたのが、「日本秘湯を守る会」会長だった佐藤好億《よしやす》さんで、「温泉が繁盛するには自然と共存すること。温泉は本物でなければならない」と強調された。自然からは恩恵もあるが、闘いもあり、例えば台風などで嵐になると、川の近くにある露天風呂はズタズタになってしまう。自然を切り開いてゴルフ場をあちこちに作る一方、山の手入れには無頓着の日本。これでは自然の脅威にさらされ、温泉も苦しい。

佐藤さんは、自身で経営している福島の温泉の裏山のブナの木がピアノ板の材料にするために丸ごと伐《き》られた影響を嘆き、地熱発電によって源泉が壊されてしまうことを訴えたが、国をはじめ耳を貸すところはなかった。私も、温泉湧出口まで調べる人が自分以外にいないのは、本物追求には邪魔が入るからではないかと気づき、温泉文化復活の同志のような気持ちを佐藤さんには持っている。

１５００軒もの温泉旅館を長年取材してきた私の底にあるのは、正義感と「人間大好き」な性質である。１２０本の温泉番組にはその精神が込められ、だからこそ、高視聴率を続けられたのだと思う。全国に私のファンは多く、カンパの申し出やファンレターをいただくのは、ありがたいこと。

私は２０２３年２月で87歳を迎えたが、本物の元気温泉と、古代ソマチッド入りの石のおかげで、実際の年齢より20歳以上若い心身を保っている。ソマチッドについては、いまだ解明の途上だが、健康増進につながる成分が注目を集め、温泉との関係が深いことがわかって来ている。

私は、元気温泉を巡る奇跡を心ある皆さんにお伝えし、圧力に屈することなく、「いつ死んでもいい。金銭的には貧しくても、心豊かに生き続けたい」という覚悟を持って、世の中に問いたいと思っている。

今、疲労がたたって病院生活を送っている「同志」佐藤さんや、古代ソマチッドの石を託された故・豊嶋《とよしま》穆博《あつし》士ら恩人に報いるためにも。

２０２３年６月

コモリタケノリ

本書のガイド

本物のお湯でコロナをぶっ飛ばせ！

あなたの周りに、「超元気」な人はいませんか。

コロナ禍に傷めつけられたように見える日本列島でも、毎日毎日を、元気に軽やかに生き抜いている人がいるんですよね。

何が違うのでしょうか。何か秘訣《ひけつ》があるのでしょうか。

ここに一人の「超元気」を自ら体現している人物がいます。

コモリタケノリ（小森威典）さん。

温泉ジャーナリストとして全国を取材する活動を続け、テレビの温泉番組のプロデューサーとして制作した１２０本がいずれも高視聴率をたたき出した、伝説のテレビマンです。

独特の視点で「本物」を見分ける力量は折り紙付きで、「温泉達人」の称号が最もよく似合う存在と言えるでしょう。

このコモリさんが、２０２３年2月に87歳という年齢を迎えてなお、生き生きと、意欲に燃えた日々を送っています。肌はつやつや、目には力が宿り、足元もしっかり。

本人曰く「20歳以上は若返った」という要因は、長年探究してきた温泉の中で選《え》りすぐりの「超元気温泉」との出会い、そして古代ソマチッドの成分入り化石の効果によるところが大きいのです。

決していつも順風満帆だったわけではなく、むしろどん底をいくつも味わいつつ這《は》い上がってきた「温泉達人」の見つけた「超元気温泉」の特徴を、具体的に語っていただきましょう。

社会に広がる閉塞感の中で、明るくゲキを飛ばすコモリさんの指南に耳を傾け、健康のコツとともに、人生を面白くするエッセンスを獲得してはいかがでしょうか。

「超元気温泉」の写真とともに、裸のお付き合いにまつわるきわどい場面は、二階堂正宏さんのマンガで理解していただけるよう工夫しました。

私の詠んだ「温泉川柳」とともに、お楽しみください。

2023年6月吉日

おのみん（日本語アーティスト）

目次

カバーデザイン　櫻井　浩（⑥Design）
カメラマン　田窪優司
本文仮名書体　文麗仮名（キャップス）

第1章

温泉との出会い

番組を撮って大根花開く

温泉について長らく探求を続けてきましたが、私と温泉との出会いと、どういうふうに付き合って来たかをまずお話ししましょう。

火山国である日本列島には、至るところに温泉が湧き出していますが、温泉を相手にするようになった出発点は、テレビのドキュメンタリー番組を作るために、あちこちの温泉宿を訪問して取材したことです。

温泉との関わり方としては、お客さんとして、経営者として、従業員として、出入り業者として、行政として、観光業者として、などがありますが、私は取材という独特な立場で関わったのです。

私は、若い頃から新劇の役者をしていたのですが、演出家で私を可愛がってくれていた藤原千晶さんが日本テレビにスカウトされ、情報番組やドラマの制作に腕を振るわれていたところ、大根役者の私をテレビのプロデューサーとして抜擢《ばってき》してくださったのが、テレビ界に入るきっかけでした。

藤原さんは、恩人の一人です。スタニスラフスキー・システムという演劇理論に精通していて、テレビ番組でも、科学的な裏付けを重視していました。そういうこともあって、温泉取材でも、それは厳しい指示を出されました。扱うのは頭に「100％天然温泉」と付いているところに限ること、とか、「お湯の質を科学的に検証して来い」とか。何せ、「鬼の藤原」を略して「鬼原」と呼ばれて、みんなから恐れられていた存在なのです。

藤原さんは、撮影してきた温泉旅館の主人のインタビュー映像を見て、「目に力がない！」と撮り直しを命じるくらい、品質に強いこだわりがありました。現地に行くこちらは、たまったものじゃありませんが、そうして鍛えられているうちに、「本物」を見分ける目が養われたのかもしれません。

全国放送のテレビ番組は、視聴者が多く、世の中への影響力も大きいので、作り手としてもいい加減なものは出せないという意識が強かったという背景もあったと思います。

それに対して、近年のテレビ番組は、ろくに裏付けを取らず、安直に「取材」したものを垂れ流している印象が強く、番組作りに命がけで取り組んできた目には残念に映りますね。

念入りな取材で稼ぐ視聴率

テレビ番組の制作で何が大切かと言うと、制作サイドの独りよがりのものは見向きもされず、見る客層を絞り込み、ファンの目線に立って作ったものが受け入れられるのだということです。

藤原さんのもとで、夜の9時から10時の番組を任されるに当たって、電通に行って、夜の9時台の主な視聴者層を尋ねてみたら、月曜日は特徴があって、土曜・日曜と休んだサラリーマンが週明けに出勤するこの日は疲れ気味で、早めに帰宅し、テレビを見る率が高いという分析が出ていたのです。そこで、ホワイトカラーのサラリーマン向けに、温泉旅館で疲れが吹き飛んで元気になるという切り口で温泉特番を仕掛けたら、これが当たってヒット。「小森の温泉番組はヒットする」という流れを呼び込むことができました。

私の手がけた温泉番組は、毎回視聴率を稼ぐ、ドル箱のコンテンツとなって行ったのです。次から次へと温泉宿を取材して行くのですから、詳しくなりますよね。

これまでに訪れた温泉は、ざっと1500軒です。テレビで紹介してほしいと働きかけが来るものの、「天然」とか「かけ流し」とかの表示はあっても、実際には「本物の温泉」

と呼べるところは少ないのです。番組に登場してもらうのは、こちらで認めた温泉宿ばかり。実地に細かくリサーチするので、それは手間がかかるのです。

本物温泉の特徴は、改めて詳しくお話ししますが、それを確かめるために、例えば、源泉湧出口まで足を運んで、源泉の温度や湧出量を測定するわけです。お湯を循環させる装置を使わざるを得ない条件のところは「本物」から外れるので、番組で取り上げる対象にはなりません。

こうして精密に調査した結果、自信をもって紹介するのですから、視聴者からの注目度も高く、ナンバーワンの視聴率を取れたのです。

ただ、基準に達しないところは「偽物」と評価されるのですから、そういう温泉旅館は面白くなかったと思いますし、利用者の安全や満足度よりも、税収などに軸足を乗せている行政からも、にらまれがちだったと思います。

達人を支持するファンが全国に

ただ、本物を追求することで一見損をしているように思われても、トータルで見れば、本物としっかりつながるご縁がご縁を呼び、世の中の浄化にもつながるのではないでしょうか。

　120本ものテレビの温泉番組を制作し、放送したことで、私には根強いファンの皆さんが生まれ、支持してくださっています。ありがたいことに、「コモリさんの推す本物温泉にしか行きたくない」と、私からの発信を待ち望むお便りなども頂戴しています。

　今の時代に合うメディアとして、インターネットなども活用していく予定ですが、この本が「温泉達人・コモリタケノリは健在」というアピールになればと思っているところです。

　この本は、長年の温泉取材の総決算のような位置づけになるでしょう。私の出した温泉本としては、『源泉かけ流し、たった1％の真実』（2005年）、『正真正銘　五ツ星源泉宿66』（2011年）、『究極の源泉宿73』（2016年、共著）と、ほぼ5年おきに出ている中で、今回は間隔が開きましたが、待望久しい第4弾になります。

第2章

達人、温泉の歴史を語る

バブル期に奉仕忘れて様変わり

日本の温泉を長年追いかけてきましたが、どのような変化があったのか、まずお話ししましょう。昭和から平成、令和と、けっこう大きな変化があったと思いますよ。

具体的に言いますと……。火山地帯に湧出した温泉を、日本人は昔から、天からの恵みとして大事にしてきました。心身ともに健康を取り戻せる湯治の場所として、日頃の疲れを癒《いや》す保養の場所として、地域の人たちの情報交換の場所として、遠来のお客さんをもてなす場所として。

解放感を味わうための仕掛けとして、お色気関係のサービスを提供するところも、有名温泉地には珍しくなかったですね。

全国に8000軒近くあった温泉宿にだいたい共通していたのは、お客さんへの奉仕精神にあふれていたことです。源泉から引いたお湯にはそれぞれ泉質の特徴があって、それを入りやすいように整えていたわけです。日本独自の「本物温泉」ばかりで、温泉文化は海外の人たちからも崇められていたのですね。

こうした温泉業界に大きな変化が始まったのは、1980年代のいわゆるバブル経済の時代です。温泉ブームが演出され、温泉旅館が次々と建てられます。８０００軒が１万３０００軒に、ものすごい増加ですね。

源泉からの湧出量には限りがある中で、温泉旅館が増えるということは、お湯を分けるということです。源泉かけ流しはできず、同じお湯を機械を使って循環させることになります。また、加水して湯量を確保することにもなり、泉質の面でも、衛生・安全性の面でも、問題が発生します。

でも、表向きは「天然温泉」をうたい、建物や浴槽の雰囲気や料理で一定の満足を与えているので、景気のいいときは客足が途絶えず、ずいぶん儲かったと思います。

まあ、本物温泉にこだわる私のような人間から見れば、お客さんへの奉仕より金儲けを優先させる、温泉の堕落だと思いましたね。

名ばかりの「温泉旅館」お客さんが泣く

その後、平成になって、バブルが崩壊すると、温泉はどうなったかと言いますと……。

私の作った温泉番組は高視聴率を獲得して、温泉ブームの一翼を担ったわけですが、実際に各地の温泉を訪ねていると、表も裏も見えて、複雑な心境になることも少なくなかったですね。

バブルが弾けたとたんに、客足が遠のいて、経営が苦しくなる温泉旅館が続出しました。本物の温泉とはどういうものか知らないまま、旅館を運営している経営者がたくさんいて、十分な従業員が雇えず、家族だけでこぢんまりと続けていくケースが目立ちました。

人手がないのですから、湯船の清掃をきちんとやるところまで手が回らず、週に1回のみのところも。そうなると、汚れがひどくなり、消毒液に頼ることでますます泉質が落ち、安全面で問題を抱えるという悪循環が起きるのです。

平成には、温泉の経営者がずいぶん交代しています。実は、新たに温泉に参入した企業がいくつかあって、やり方は、潰れそうな旅館を安く買い取るわけです。同じ看板を掲げながら、建物を豪華にして、浴室も風情あるものに変えたうえで、以前より料金は安く設定してお客さんを呼び込むスタイルです。実態は「温泉旅館」ではなく「観光旅館」なのですが、「温泉」という名前で商売を続けているのです。

私がこれまでに出してきた温泉本では、そういう名ばかりの温泉旅館は全く紹介していません。すべて実証主義で、紹介する値打ちがあるかどうか、実地に確かめるのをモットーにしています。源泉湧出口を調べるのは、危険を伴う場合もあるのです。まあ、「バカ」と呼ばれるのが、いくつになっても私の人生の特徴なのかもしれません。

表面を取り繕うのではなく、本物を探求する本物主義が、私の特徴と言えるでしょう。温泉の歴史をたどったところで、ではいったい、どんな温泉が本物の光を放っているのか、次の章ではそこにスポットを当ててみたいと思います。

第3章

本物温泉はここが違う

源泉を生かし切るその心意気

長年、各地の温泉を徹底的に調査・取材してきた結果わかった、オススメの温泉、逆にオススメできないところの特徴を挙げて行きましょう。

ひとくちに「温泉」「温泉旅館」と言っても、実態は驚くほど違いがあるものです。宿泊費が高いからオススメというわけではありません。それほど高い宿泊費を設定していなくても本物温泉はありますし、逆に高額な宿でも期待外れになるところもあるでしょう。訪れる意味の高いオススメの温泉であるかどうかを最も左右するのは、経営者の姿勢や資質ですね。お湯を生かすも殺すも、そこの経営者のやり方次第なのです。なので、お客さんの立場というより、迎える側のポイントを見て行きましょう。

オススメ温泉の特徴を六つにまとめました。

1番目は、自然界から贈られた天然温泉を愛していて、それを活用する精神にあふれていることです。

温泉には「適温」がありますよね。浸かって気持ちよく過ごせるお湯の温度です。これにも幅があって、50度を超すような熱いお湯から、40度前後の長くいられる温度、そしてぬるいあるいは冷たいと感じるくらいの温度。いずれにしても、自然に湧き出ている温泉の温度を、いかに「適温」にして提供するかが重要なわけです。

その「適温」を保つ方法が、宿によって違っています。源泉の温度が「適温」より高い場合には、冷ます必要があるわけです。オススメの温泉宿では、安易に水を加えて冷ますのではなく、熱交換器を通すとか、ゴムホースを庭に引いて冷ますとか、地下に大きなプールを造って源泉を貯めるとか、手間と費用をかけて、源泉の良さを損なわないようにしているのです。

天然温泉の良さを活用するには、源泉に関する条件もあって、温度が55度以下、湧出量は毎分50リットル以上、これを満たしていないと、いつも「適温」に保つのは厳しいでしょう。

人間が大好きでこそいいお宿

オススメ温泉宿の経営者の特徴、その２番目は、人間が大好きなこと、豊かな心を持っていることです。

温泉は、人間がみんな裸になって交流する場所です。究極の「人間相手の商売」と言えるでしょう。ですから、温泉客を迎えるオーナーは、人間が大好きでないと、血が通ったサービスはできないことになります。

朝日旅行会を創設された故・岩木一二三さんは、全国の秘湯を応援し、温泉経営者としても抜きんでた存在だったのですが、「温泉稼業でお客さんの稼働率を上げるには、主人が人間大好きで広い心の持ち主であること」とおっしゃっていました。また、京セラ創業者として有名で、先頃亡くなられた稲盛和夫さんの言葉に「いい会社を作るには、心で始まり心で終わる」というのがあります。これは温泉経営にも当てはまることだと思います。

私は30年以上、テレビプロデューサーとして全国の温泉取材を行いました。その中で、これはという尊敬できるオーナーにも巡り合いましたが、一方で、心に余裕がないのか、お客さんへの奉仕の気持ちが少なくて、金儲けに走っているような人もいましたね。

先代から経営を引き継いだものの、大切にしなければならないお湯に危険性のある消毒液を安易に入れているところが少なくないのです。温泉宿に限りませんが、人間教育をおろそかにしていると、ろくなことはないですね。

三つ目の特徴は、温泉経営者が奉仕の精神に満ちた人であることです。

日本の温泉愛好者は、ほとんどが都会に住む人たちです。都会のゴミゴミした環境にいる日常からいっとき離れて、天然の温泉に浸かり、おいしい空気と水に触れ、新鮮な旬の食材の料理をいただく。この目的が達成されるよう、まごころを尽くしてサービスする精神が、温泉経営者には必要なのです。

例えば、木造建築が見事で、建物の見学者まで訪れるという有名旅館のご主人が、中庭の手入れをしている植木職人を見かけたそうです。息子さんが依頼したものだったそうですが、植物たちの自然美あふれる姿が、植木の剪定《せんてい》によって台無しになりそうだと判断し、中止を命じたそうです。整った形よりも、自然そのものの雄大さを味わいに訪れるお客さんの立場に立っての判断だったのですね。

このように、常にお客さん本位の姿勢を徹底しているのが、優れたオーナーと言えるでしょう。

「超元気」先立つものは資金力

四つ目は、三つ目の奉仕の精神と似ていますが、正義感を持っていること、言い換えれば、目先の損得に左右されないしっかりした自分軸を持っていることですね。

もちろん、経営においてはいかに利益を上げるかを考えるのは当然のことです。しかし、例えば、回転率のいい日帰り入浴客によって儲けることを優先し、ろくに湯船の清掃をしないで安全性に問題のある消毒液を安価だからといって使用するようなやり方を続けているのは、「本物温泉」から遠ざかるばかりで、本末転倒ではないでしょうか。

温泉旅館では、お客さんに出す料理についても、安直に儲けようとして、やたらにミニ懐石料理を出すところが目立ちますが、都会から訪れるお客さんが心から喜ぶ、地元の旬の食材を生かした料理を振る舞う、軸の定まった宿は魅力がありますね。


温泉旅館の経営者に求められる五つ目のポイントは、美的センスに優れていることです。温泉旅館の看板を掲げている宿の玄関を入ったとき、フロントまわりが乱雑で、スリッパもきちんと置かれていないところがありますが、これでは興ざめですね。地元客中心で、なあなあが許される雰囲気。ソファには猫が座っていたりして、驚かされることもあります。

それに対して、ある温泉旅館は、フロントのデザインを有名建築デザイナーに頼んで改装を図りました。温泉らしい風情と清潔感があふれてファンが増え、もちろんお湯を大切にしている結果、リピーターを獲得しています。

六つ目のポイントは、ずばり、「本物」であることに資金を投入できる力です。ボーリングして理想的な源泉を掘り出すこと、最適な温度で安定的に供給できる施設を設けて稼働させること、先ほど指摘した美的センスを発揮した内装を実現すること、お客さんを満足させられる料理長や優秀な従業員を確保するための待遇を用意することなど、まとまった資金を投入して初めて実現できるものなのですね。

ここまで六つの特徴を挙げましたが、何十という旅館やホテルが集まっている有名温泉地でも、全部の条件を満たしていて、本物温泉と呼べるのはごくわずかというのが実情ですね。少数の「超元気」を約束できるところと、そうでないところと、二分化してしまっているのです。

「本物」の要素をもう一つ付け加えるなら、自然との共存に力を注いでいることが挙げられます。

日本は国土の70％が山という、自然大国です。温泉のあるところは、特に自然に恵まれている場合が多いと思います。ところが、温泉の近くの山が荒れ放題で、木が倒れ、土までダメになり、居場所を失った野生動物が人里に侵入して「悪さ」をするといった悪循環が生じています。上質のお湯を供給する温泉として成立するためには、自然との共生にまで資金や手間をかけるというのが、本来のあり方なのです。

ここまで指摘するのは、私くらいかもしれませんが。

誤解してほしくないのですが、「本物温泉」だからと言って、庶民には全くご縁のない超高級旅館ばかりではありません。リーズナブルなお値段で泊まれる宿の中にも、「本物」はあるんですね。

実際に「温泉達人」としてオススメの温泉宿にはどういう魅力があるのか、次章で具体的にお伝えすることにしましょう。

第4章

達人が薦める「超元気温泉」はここだ

全国に7軒という光る宿

長年の温泉探訪の末に見つけた、「これぞ超元気温泉」というところを、いよいよご紹介しましょう。選りすぐりの源泉宿を12年前に出した本では66軒、7年前の本では73軒紹介しましたが、令和5年の今回は、敢えてぐっと絞り込むことにします。「超元気温泉」が7つ、これに準ずる「元気温泉」が22、合計29軒の宿です。

ずいぶん少ないと感じられるかもしれませんが、「本物温泉」の条件を満たしている宿は、残念なことに、本当に稀少になっているのです。

全国の、いや世界中の温泉愛好者の皆さんに向けて、さらに、温泉の経営者・従業員、温泉行政の担当者に対しても、温泉の本来持つ素晴らしさをできるだけ生かしてほしいというメッセージを込めたつもりです。モデルにして、やり方をぜひ真似してほしいですね。

〈A〉奥飛騨ガーデンホテル焼岳《やけだけ》（岐阜県高山市）

奥飛騨にあった温泉パラダイス

「本物温泉」の筆頭に挙げたいのが、岐阜県の北部にある「奥飛騨ガーデンホテル焼岳」です。

交通手段は何を使うかというと、長野県の松本か、岐阜県の飛驒高山から、車かバスで入り、どちらも1時間ほどかかります。人里離れた、標高約1000メートルの山の中にある、8階建ての大型温泉です。東京からだと5時間くらいかかりますね。そうそう、VIPクラスの中にはヘリコプターで乗り付ける人もいるとか。

「日本一の温泉」という意気込みでやっている、と創業者で会長の石田清一さんは語っています。温泉愛好家にとっては、遠くて不便であることも、マイナスにはならないんですね。

収容200人ほどですが、ほとんどいつもお客さんで一杯だという印象があります。

「日本一」を自負しているお湯は、とにかくパワーがすごいのです。調べたら、何と3億

6000万年前の海底が隆起してできた土地で、その地層から湧き出る源泉は、塩分を含んだ超深層水なのです。

エメラルド色に変わる「うぐいすの湯」をはじめ、「日光の湯」「月光の湯」「桧の湯」「薬師の湯」「立湯・寝湯」など、見事な温泉パラダイスが楽しめるのです。

「うぐいすの湯」のお湯を調べたところ、超古代からの生命体ソマチッドが大量に含まれていることがわかりました。『ソマチッドが超活性している!』(ヒカルランド刊)という本の中で詳しく紹介されていますが、美肌やしっとり感、肌の調子を整える効果が特徴的で、有用微生物の働きから「日本一の泉質」と石田さんは自負されています。

さらに人気を博しているのが、本館から少し離れたところにある8棟の隠れ宿「朧《おぼろ》」です。建物は合掌造り風で趣があり、露天風呂付きなのです。だから、有名人たちも安心して利用できるのです。

石田さんに、建物にいくら投資したのか聞いたところ、笑って金額は教えてくれませんでしたが、なんでもバブル期に営んでいた建設業で入ったまとまったお金を、「きれいなことに使おうと思って」、このホテルに注ぎ込んだようです。

志の高いところが、究極の「本物温泉」に結び付いたのですね。

この「焼岳」の魅力はほかにもあって、食事にまた力が入っているのです。

広大な敷地の中に、温泉プールみたいなところがあって、人間が泳ぐのかと思ったら、魚を大量に養殖していて、料理に出しているのです。温泉パワーで元気に育つようで、フィリピンで買い付けたウナギの稚魚が立派に育ち、１万５０００匹もいるなんて圧巻です。ウナギ以外に、サメやスッポンもいて、他の宿にはまず真似のできない食材として使っているのです。

まさに「おもてなし」の極致で、とにかく、金儲けを度外視した奉仕の精神には脱帽です。

敷地内にある四つの源泉から引いた温泉を存分に楽しめる一方、内風呂は敢えて温泉を使わずに沸かし湯（加水）で対応するなど、枠にとらわれない柔軟性も魅力を演出しています。

奥飛騨ガーデンホテル焼岳名物の露天風呂。豊富なソマチッドの威力で元気になると評判だ

ソマチッド入りの露天風呂。ここは景色を眺めながら、雨の日も入れる

ソマチッド温泉が湧出する条件として、標高1000mくらいの死火山を達人コモリは挙げる

ソマチッドの入ったプールで育てられたウナギやスッポン、サメを使った「焼岳」の名物料理

〈B〉高山龍神温泉　龍リゾート＆スパ（岐阜県高山市）

手抜きせず源泉活かす美肌の湯

二つ目の推薦宿として、「焼岳」からそれほど遠くないところにある、同じ岐阜県高山市にある「龍リゾート＆スパ」をご紹介しましょう。

石川県和倉温泉の「加賀屋」が温泉旅館の代表格として長らく有名でしたが、今や「龍リゾート＆スパ」が「焼岳」とともに温泉旅館の双璧と言えるでしょう。

場所は東海北陸自動車道の荘川インターチェンジから車で約10分。敷地の広さが28ヘクタールもありながら、一軒宿として源泉を独占的に使用しているのが贅沢ですね。

ここのお湯の特徴はと言いますと、掘り当てた温泉の湧出温度が地下１３００メートルで55・5度、源泉地表温度が45・8度と、願ってもない熱さのお湯が湧き出ているわけです。お湯に全く手を加える必要がなく、浴槽での適温40・7度から43度が確保できるのですから、自然からの大きな恵みと言えるでしょう。

泉質ですが、ＰＨ８・７のアルカリ重曹泉、色は透明で、肌触りは化粧水のようにスベスベです。皮膚の汚れが取れて、「美肌の湯」として特に女性に人気が高いですね。

温泉施設としては、本館に男女別の内湯があり、そこから続いて、見晴らしのよい半露天風呂と、ひとりで入れる浴槽が並んでいます。常に新鮮なお湯が供給されていて、あふれ出たお湯は一滴も浴槽に戻すことはありません。塩素などの消毒液を入れなければならない余地はなく、正真正銘の「源泉１００％かけ流し温泉」と言い切ることができます。

しかも、お湯が最高に美しく清潔でありながら、毎日、浴槽と浴室を徹底的に清掃しているのです。

敢えて、儲かるとわかっている日帰り入浴の営業もやっていません。金森英樹社長の「こだわり」は半端じゃなく、源泉やポンプの状況をパソコンに送って常時監視しています。それだけ「天からの授かり物であるお湯を守り通す」気持ちが強いのですね。

露天風呂はないので、なぜ作っていないのかを質問してみたら、金森社長の答えは、露天だと冬場にはぬるくて入れないからというものでした。ただ、将来的には、最高のロケーションの場所に、50人は入れる巨大な露天風呂を作るプランもあるようです。

私がここを高く評価している理由は、他にもあります。

非日常性を感じさせてくれるのも、大きな魅力ですね。館内のデザインがそれは垢抜けていて、客室ゾーンから食堂へ向かう長い渡り廊下などは幻想的でムード満点です。

一切手抜きせず、最高のものを提供するスタンスは、食事にも徹底されています。地元の飛騨牛や蕎麦《そば》など旬の食材を活用するのは言うまでもなく、驚くのは、料理長自ら日本海沿岸の金沢まで車を走らせて、市場で生きのいい海産物を調達していることです。

どうしてここまでできるのかといえば、金森社長の姿勢に、従業員も、訪れたお客さんも共鳴するからでしょうね。一度泊まるとリピート率が高く、初めて利用したある英国人グループは、一泊だけの予定がすっかり気に入って三泊して行ったそうです。

コロナ禍で全国的に観光客が激減した中にあって、2か月休業して感染対策を突き詰める期間を設けたそうですが、宿泊希望の問い合わせはその間も途切れなかったというのも、根強いファンをつかんでいる証しでしょう。

とにかくこの温泉は、人を大事にしているのです。お客さんはもちろんですが、従業員を大切にしている点でも、群を抜いているでしょう。広大な敷地には、ロッジのような建物が点在しているのですが、従業員に住まいとして提供しているというから、驚きます。ここで働いていることに誇りを持っていることがよくわかり、それがサービスにも反映されているわけです。

見晴らしのよい半露天風呂。山の中腹に本格的な露天風呂を作るプランも

龍リゾート＆スパには、一人でゆったり浸かれる浴槽がある。もちろん源泉かけ流しだ

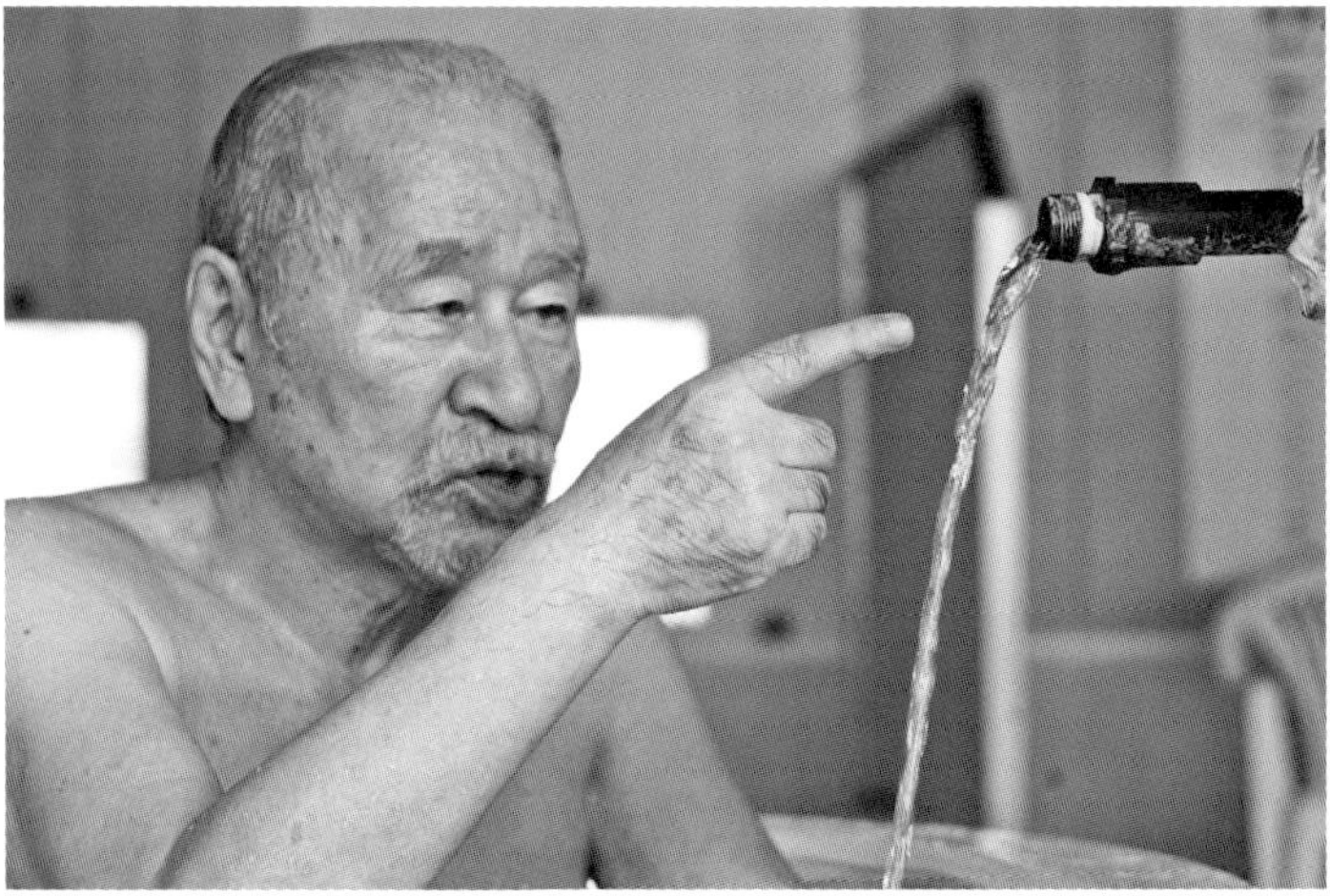

温泉のお湯を飲んではいけないという保健所の方針が見られるが、本物温泉は飲泉してこそ元気になれると達人コモリは言う

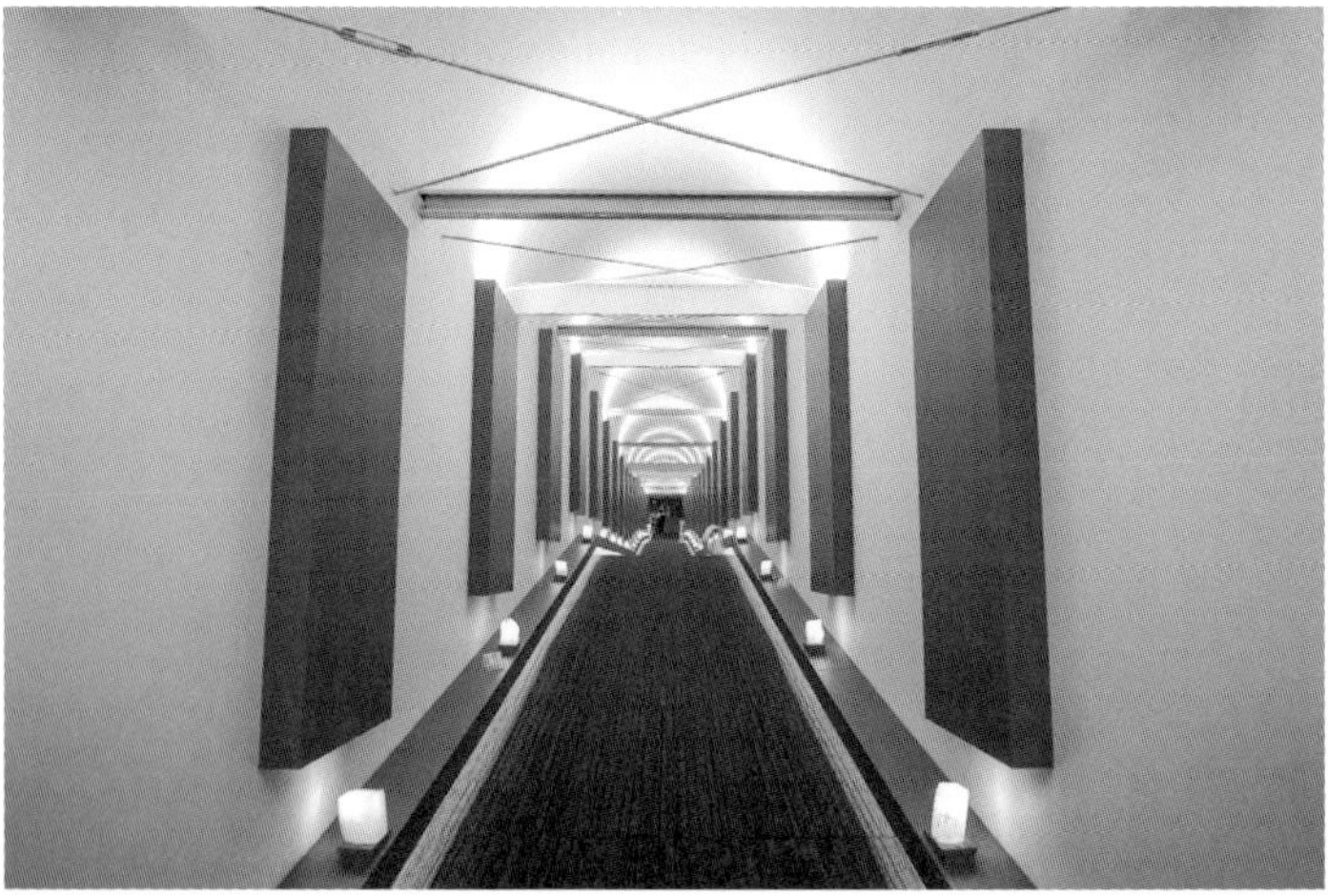

客室ゾーンから食堂へ向かう長い渡り廊下。幻想的デザインに、食事への期待感も高まる

〈C〉最上高湯《もがみたかゆ》　善七《ぜんしち》乃湯（山形県山形市）

湯と野菜　糖尿病も改善か

オススメの「超元気温泉」、三つ目は東北・山形の「善七乃湯」を挙げましょう。

岐阜県の二軒は現代的な温泉旅館の最高峰を追求していますが、江戸時代からの長い伝統を受け継ぎながら、健康に力点を置いているのが、蔵王温泉にある「善七乃湯」です。「大平《おおひら》ホテル」という名前で長年親しまれてきましたが、6年前に名称変更したのです。「善七乃湯」という旅館名の由来はというと、ご主人の岡崎さんは今年54歳になりますが、靖という本名から第十三代「善七」を2022年1月に襲名したのです。

300年以上の歴史を持つ辻屋という温泉宿がここの母体で、主人は代々「善七」を名乗っているのです。岡崎さんは若い頃、跡継ぎという立場に反発して出て行ったことがあったのですが、修業生活の末に戻り、腰を据えて経営に取り組んでいます。

アクセスは、JRの山形駅まで行けば、無料の送迎バスで20分ほどでしょうか。

ここの特徴、まずはお湯に力があることですね。温泉分析で有名な法政大学の大河内正一教授（現在は名誉教授）に分析していただいたところ、驚くほどの威力があるというお墨付きが出ました。ご主人は源泉の扱いを大切にしているのです。

効能に関する具体例としては、糖尿病で不調に苦しんでいる70代と50代の知人女性をここに連れて行き、温泉に1日5回入り、飲泉してもらい、特別料理を食べていただき、さらに古代ソマチッド化石を使って全身の血行をよくしたところ、何と3日間で血糖値が3割ほど減り、散歩できるまでに元気を取り戻しました。糖尿病で苦しんでいる人は多いだけに、もし、このふたりと同じように改善が見られるなら、朗報と言えますね。

料理にも特徴があります。

ここの野菜は、古代ソマチッド化石を粉末にしたものを肥料にして栽培しているのです。野菜の元気さが全く違います。牛の山形肉と野菜、豆腐、椎茸の入った鍋が、自慢料理になっています。

館内の施設としては、貸切露天風呂をどんどん作っているほか、ペットを連れて泊まれる宿という特徴もあります。半分近くの客室はペット仕様になっているほどです。

こうした積極的な旅館経営で、東日本大震災や、コロナ禍といった試練も、乗り越えてきました。岡崎さんはスキー有力選手の経験があり、平昌冬季オリンピックではスノーボード日本代表の監督も務めるなど、スケールの大きな経営者と言えるでしょう。

善七乃湯の室内大浴場。お湯の力には定評がある

大浴場から外に出た露天風呂はお湯が濁っている。温泉愛好者にはファンが多い自慢風呂だ

地元の自慢の食材を集めて出す料理。肥料にも工夫が

ペットも入れる風呂は、貴重な存在だ

善七乃湯には、ペット仕様の客室が用意されている

〈D〉二岐《ふたまた》温泉　大丸あすなろ荘（福島県天栄《てんえい》村）

究極の「秘湯」皇室御用達

オススメの「超元気温泉」、四つ目としてご紹介したいのは、自然と共生することに重きを置いている「大丸あすなろ荘」です。福島県天栄村にあり、「秘湯」という言葉が最も似合う温泉と言えるでしょう。

場所は、福島県の山奥です。車だと、東北自動車道の白河インターから約1時間。電車で行くならば、東北新幹線の新白河駅から、午後1時発の1日1本しかないバスに乗って行くしか方法がなく、この不便さも特徴の一つでしょう。

あすなろ荘の売りはいくつもありますが、ここの露天風呂は素晴らしいですよ。川沿いにあって、手を伸ばすと川に届くのは感動です。川の向こうには時々日本鹿が姿を現すなど、まさに大自然に抱かれたロケーション。せせらぎを聞きながらの入浴はたまらないですね。

手前の露天風呂はかなりお湯が熱めで、夏は44度。川に近い方は42度とちょうどいい温度です。今は男女別になっていて、どちらかにしか入れないようですが。

あすなろ荘の名物としては、自噴泉の岩風呂もすごいですよ。岩の底に天然の穴が空いていて、源泉が常時噴き出しているのです。これは滅多にお目にかかれないものです。お湯の効能も優れています。自噴泉は43度から44度と熱めなのですが、そっと足から入って体を沈めると、全身が気泡にまみれて気持ちいいのです。１日に５回も入れば、驚くほど元気になりますよ。

もう一つの特徴としては、第１章でお話しした、テレビで紹介した人気のある皇室関係のお忍びの宿というのが、このあすなろ荘なのです。この交通不便な温泉旅館に、皇室の方が年に何度も訪れたほか、ＶＩＰクラスも利用されていました。

ご主人の佐藤好億さんは、人間ドキュメントを描いたテレビ番組が好評だったのですが、この名門旅館の男ばかり４人兄弟の三男坊で、経済学者でありながら、温泉に惚れ込んで、経営を引き継いだのです。

取材を通じてご縁ができた後、本物の温泉とはどういうものか、基本から教わった恩人でもあります。私のヒットした数々の温泉番組も、彼がいなければできなかったと思えるほどです。「日本秘湯を守る会」の会長を長らく務め、全国の秘湯どうしのネットワークを作って支え合うためにも尽力されました。

2004年に発足した「日本源泉湯宿を守る会」は本物温泉を追求する団体。それを率いるのが大丸あすなろ荘だ。美肌と健康増進を求めるタレント女性にも人気がある

自然に抱かれた自慢の露天風呂。見上げれば、皇室関係者が利用されたという由緒ある浴室も

大丸あすなろ荘のロビー。開放的な窓から見えるのは、宿ご自慢の柚子の木で、健康水を生むと言われている

露天風呂の巨大な岩と岩の間から、清流が眺められる。とにかく自然との一体感が味わえる温泉旅館だ

〈E〉伊東温泉　割烹旅館横浜『藤よし』伊豆店（静岡県伊東市）

海を一望　手作りの露天風呂

オスメの「超元気温泉」の五つ目として、伊豆半島、伊東の先にある「藤よし」を挙げましょう。

交通の便ですが、電車だと、熱海から伊豆急行に乗って、川奈の次の富戸《ふと》駅で降りると送迎してくれます。車で約5分ですね。首都圏からのアクセスは便利だと思います。

特徴は、主人の石山誠一郎さんが料理名人で、食いしん坊の私がいつも感激するような料理を出してくれることがまず挙げられます。

具体的に、どんな料理かというと、魚料理がメインですね。ここの刺身は魚の色も盛り付け方も違います。石山さんが横浜の市場まで買い付けに行くのについて行ったことがあるのですが、市場の人からは「ボス」と呼ばれていて、一番質のいい海産物を確保しているんですね。もちろん、「藤よし」の料理は、汁物、漬物、ご飯まで完璧です。

他には、どういう良さがあるかというと、相模湾が一望できる、眺めの良さが素晴らしいんです。海の見える露天風呂から、晴れた日には船が行き来するのも見られます。

30年ちょっと前、温泉が湧くよと地質学者に言われてボーリングしたら、48度の源泉が毎分２５０リットル以上湧出。そこで、石山さんは丸ごと一山購入し、切り開いて作った温泉宿なのです。11か所の露天風呂も、業者頼みにしないで、石山さんはじめ従業員も一緒に手作りしたのですから、すごいこだわりを感じます。

露天風呂のお湯が適温で、しかも源泉１００％というのは、実は数少ないのです。泉質のいい露天風呂にゆったり浸かって、海と空を眺めることができるなら、日頃のストレスは吹き飛び、超元気になるのは想像できますよね。

他には、主人の石山さんは、とにかくお客さんの希望をなるべく汲んで、もてなそうという気持ちが強いのです。

若い頃のエピソードとしては、大きなマグロ一匹をお客さんの目の前で捌くパフォーマンスをやっていましたね。それを寿司にして振る舞うのですから、外国人客などは目を丸くして大喜びでした。

主人のスケールの大きさが、お客さんの満足度をアップさせている温泉旅館だと思います。

脇に恵比寿さんの石像がある「藤よし」の名物風呂。実に気持ちがいい湯船だ

岩風呂にゆったり浸かる達人コモリ。元気になるのをいつも実感する

「藤よし」は、相模湾が見下ろせる眺望が特徴だ

12畳の和室は、窓からの風景が楽しめる。安い料金で、１人でも10人でも泊まれるのがありがたい

〈F〉湯田中温泉　美湯《びゆ》の宿（長野県山ノ内町）

源泉を保つ湯守がいるお宿

超元気温泉の6番目に、信州・湯田中温泉にある「美湯の宿」をご紹介しましょう。

長野県にも温泉はたくさんありますが、ここは長野駅から長野電鉄を利用し、終点・湯田中で降りると、車での送迎があります。

「美湯の宿」の最大のポイントは、「100％源泉宿」を努力によって達成し、維持していることです。キーパーソンは、主人の斉須さん、そして湯守の丸山さんです。

湯田中温泉には16軒の旅館がありますが、悩みの種は源泉不足なうえに、お湯の温度が高いことでした。それを斉須さんは見事に克服したのです。

どのような取り組みをしたかと言いますと、源泉を全面的に保全管理するために、丸山さんという優秀な湯守を見つけて雇ったのです。

実は昭和30年くらいまで、日本全国の温泉宿にお湯の管理を任される湯守と呼ばれる人たちがいたのです。ところが、源泉の扱いに神経を使うことを忘れ、施設や料理にばかり金をかけて、お湯の管理を疎《おろそ》かにして行ったのです。

そうした中で、よく丸山さんが見つかったと思います。自動車関係の仕事をしていた丸山さんは、好きな温泉巡りを重ねるうちに、マニアが高じて師匠に弟子入りして、湯守の勉強をしたそうです。そこに美湯の宿の斉須さんとご縁ができたのですね。

源泉の管理は、具体的にどう行われているかというと、毎朝5時、丸山さんは大浴場のお湯の温度を計り、水質の変化がないかどうかもチェックします。もしぬるければ、温度の高い源泉を多めに入れ、熱ければ熱交換器などを使って調節します。機械室にも相当な投資をしていて、源泉の質は保ったまま、夏場は41度、冬場は43度の適温を実現しているわけです。これだけの手間をかけて、お湯を大切にしているのです。

ここの特徴として、ロケーションが抜群なことも挙げられます。客室からは、斑尾《まだらお》・妙高・黒姫・戸隠・飯綱《いいづな》の北信五岳《ごがく》と呼ばれる山々が望めます。朝食前の散歩コースとして、史跡小林一茶旧宅や梅翁寺、野生の猿が入ることで知られる地獄谷野猿公苑も近くにあります。

料理はどうかですが、ここでは、信州ブランドの牛肉、豚肉、旬の野菜やきのこなどを使った創作日本料理が味わえます。それに、水が豊富に湧いていて、これが実に旨いのです。

ご主人の斉須さんにまつわるエピソードですが、斉須さんは、以前、大手商社の伊藤忠に勤めていて、中国で活躍されていました。その関係もあって「温泉を通じて中国と仲良くしたい」という気持ちを持っています。仲居頭に中国人を雇い、中国からのお客さんを歓迎できるような教育もしているのです。コロナの影響が落ち着けば、相当にぎわうかもしれません。

長野県・湯田中温泉にある16軒の中で、本物の天然温泉「美湯の宿」の看板が光る

自慢の露天風呂からの景観を遮る塀の存在。達人コモリは、温泉の価値を損ないかねない行政の方針に異を唱える

地元の食材を生かした創作料理。朝食にいただく信州そばもオツなもの

夕食に出される鶏肉は宿の自前で、絶品の味

部屋食でくつろぎの時間が過ごせる客室。窓から北信の山々が望める

〈G〉奥湯河原温泉　加満田（神奈川県湯河原町）

緑なす庭で文人おもてなし

7つの「超元気温泉」、最後に紹介したいのは、神奈川県の湯河原温泉にある「加満田《かまた》」です。

東京からそれほど遠くなく、JR東海道線・湯河原駅からタクシーで約10分。路線バスを使っても行けます。100軒近く温泉旅館のある湯河原の中でも、温泉街から外れた、奥湯河原の川沿いにあります。

ここは、創業が昭和14年ですから、80年以上の歴史を持つ老舗旅館です。多くの文人や財界人たちにも愛されて来ました。作家・評論家の小林秀雄が代表格でしょうか。大物文化人まで惹き付ける魅力があるのですね。

敷地が何と5000坪あり、野趣豊かな庭園があって、緑あふれる中に四つの客室棟があります。静かで、静養向きの旅館です。

お湯は、湯河原でも数少ない、100％の天然温泉であることが、何と言っても強みです。2本の自家源泉から汲み上げるカルシウム、硫酸塩泉は、体にいいことを保証します。人気の貸切露天風呂のほか、各部屋の内湯まで、すべて源泉かけ流しなのです。

以上で、「超元気温泉」7か所の紹介を終えますが、本物に触れると、どれだけ違うかということが、体感できるでしょう。

いずれも人気の宿ですから、希望される方には利用のしかたの相談に乗りたいと思っています。後ほど改めてお伝えしましょう。

奥湯河原の老舗旅館「加満田」の看板。数少ない100％天然温泉が誇りだ

緑あふれる中にある露天風呂。お湯は自家源泉から汲み上げたもの。木々に囲まれ、達人コモリもご満悦

文人たちにも愛された宿の食事は美味だ

湯河原の名物女将がお出迎え。数々の有名人も訪れている

第5章

「元気温泉」22か所のデータ

源泉のパワーそのまま元気の湯

本書は、究極の「超元気温泉」を深く掘り下げてご紹介しようという趣旨ですが、全国にはまだまだオススメしたい温泉旅館があります。

私が調査した中から、「元気温泉」として、22か所についての情報をお届けしましょう。北から南へ順に並んでいますが、源泉の条件に恵まれていない近畿・中国・四国地方の温泉は一つも入っていません。源泉そのままのパワーをいかにうまく活用しているのか、これが「元気温泉」と認定できるポイントと言えるでしょう。

大雪の登山帰りに一休み

〈イ〉旭岳温泉　湯元湧駒荘《ゆこまん》（北海道東川町）

大雪山系旭岳のふもとにあり、登山客に愛されてきた温泉宿。泉質の異なる源泉が5か所もあり、大自然に抱かれた豪快な露天風呂で癒される。夏場には周辺の高山植物を愛《め》でるのもオススメだ。

静寂のなか支笏湖と一体に

〈ロ〉丸駒温泉旅館（北海道千歳市）

美しく静寂さをたたえた支笏湖の湖岸にある宿。湯量の多い露天風呂が湖と接したところにあって、自然との一体感が最大限に味わえる。「野趣」という形容がぴったりだ。

川べりに満天の星待っている

〈ハ〉芽登《めとう》温泉（北海道足寄町）

ヌカナン川の川べり、自然林に囲まれたロケーションの中、大露天風呂が人気。湯温が高めで、湯量も豊富なため、冬場でも適温で浸かることができる。晴れた夜には満天の星空が望めるのも魅力。四季折々の自然が満喫できる。

日帰りで元気と笑顔広がる湯

〈ニ〉豊平峡《ほうへいきょう》温泉（北海道札幌市）

札幌市郊外、定山渓近くの山中にある日帰り温泉施設。湯量が多く、四季を通じて楽しめる、源泉かけ流しの露天風呂が人気だ。名物インドカレーなど、食事も充実。夏場のバーベキュー、冬場のかまくらといったアウトドアのレジャーとセットで利用することもできる。

雄大な山が仲間の別天地

〈ホ〉須川《すかわ》高原温泉（岩手県一関市）

岩手県と秋田県の境にあって、交通のアプローチは不便だが、圧倒的湯量を誇る広々とした露天風呂が名物で、別天地の気分が味わえる。雄大な山を見上げて、のびのび気分に。

冬場は営業していないが、料理を含めて宿泊客の満足度は高いだろう。

熱い湯が冷ます工夫で生き生きと

〈へ〉小野川温泉　たかさごや（高砂屋旅館）（山形県米沢市）

１００％源泉宿は、火山地帯との関係で特定の地域に集中していて、山形県の小野川温泉と蔵王温泉が双璧を成している。小野川温泉を指導的立場で引っ張る高砂屋の竹田昭雄さんと、やな川屋旅館の鈴木郁昭さんが、80度という高温の源泉を加水せずに適温にするために工夫を重ね、最適な熱交換器を導入している。また、ぬるめの別の源泉も見事に掘り当て、ラジウム温泉として繁盛している。

ご馳走は米沢牛と星空と

〈ト〉小野川温泉　やな川屋旅館（山形県米沢市）

高温の源泉を適温に調節することに成功したお湯には、パワーがあると評判。室内風呂にはバリアフリーを完備、屋上の露天風呂は、昼間の眺望、夜の星空と、魅力いっぱいだ。米沢牛と地元の食材を使った料理も喜ばれている。

伝統とモダン息づく老舗宿

〈チ〉小野川温泉　河鹿荘《かじか》（山形県米沢市）

小野川温泉の中でも老舗だが、有名デザイナーを起用したリニューアルが当たり、モダンな中に伝統が息づくバランスが魅力だ。広い敷地に、池や庭園もあり、広々としたラジウム露天風呂が売り物だ。

山形に茂吉ゆかりの和歌の宿

〈リ〉蔵王温泉　わかまつや（山形県山形市）

湯量が豊富で、しかも源泉が56度とさほど高温ではないという条件に恵まれた蔵王温泉。「超元気温泉」として紹介した「善七乃湯」のほか、１６５５年の江戸時代初期に創業した老舗のわかまつやも、旅情たっぷりの湯宿だ。斎藤茂吉直筆作品が飾られ、「和歌《うた》の宿」という特徴もある。二つの露天風呂は、透明と白色とお湯の色が異なるのも魅力。浴槽にみどりの藻がびっしり、これは本物温泉の証しだ。

由緒ある湯宿はちょうどいい温度

〈ヌ〉甲子《かし》温泉　旅館大黒屋（福島県西郷村）

白河藩主・松平定信公の別荘だった建物を残す、由緒ある湯宿・大黒屋は、温泉の風情たっぷりで、絵になるのが特徴だ。大岩風呂は湯口からと岩盤の足元からと2種類の湯が混合している。露天風呂「恵比寿の湯」は、かけ流しの透明な湯が入浴時は42度でちょうどよく、心身ともに癒されると、遠路訪れるお客さんが途切れない。

奥会津渓流沿いのパワーの湯

〈ル〉 玉梨八町《たまなしはちまち》温泉　恵比寿屋（福島県金山町）

奥会津の秘湯という言葉がぴったりの宿。1969年の洪水の影響で、それまでの玉梨温泉と八町温泉が合併したという由来がある。木をくり抜いた浴槽の半露天風呂は、野尻川を望むロケーションで、赤みがかったお湯はパワーを感じさせる。周辺で採れる山菜をふんだんに使った郷土料理も名物。渓流の音が体を絶えず心地よく包む。

長時間ぬるめのお湯が友となる

〈ヲ〉 川古《かわふる》温泉　浜屋旅館（群馬県みなかみ町）

北関東で唯一ご紹介する「元気温泉」は、群馬県水上の近くにひっそりと建っている。湯量の多さが特徴で、露天風呂にも内風呂にも勢いよくお湯が流れ込んでいる。ここの源泉は約40度とぬるめなので、長時間浸かる入浴法が勧められている。連泊の湯治客も少なくない。露天風呂を含めて24時間入れるのも魅力だ。

石和の湯　地中深くの宝物

〈ワ〉石和《いさわ》温泉　旅館深雪《みゆき》温泉（山梨県笛吹市）

「元気温泉」であるためには、豊富な湯量で源泉かけ流しというのが大きな条件となるが、ここは深度２４８メートルのところから毎分１４１５リットルというすさまじい源泉を掘り当てたのを最大限に活用している、奇跡の温泉だ。『楢山節考』で知られる作家・深沢七郎の生家で、名前に「深」の字が入っている。

信玄をしのぶ全館かけ流し

〈カ〉西山温泉　慶雲館（山梨県早川町）

8世紀初頭の飛鳥時代に開湯したという長い歴史を持つ西山温泉。孝謙天皇、武田信玄、徳川家康といった歴史上の人物も湯浴《ゆあ》みを楽しんだと言われている。慶雲館は、ご主人の深沢雄二さんが、伝統を保ちつつも、熱心な研究を生かした魅力が随所に。最上階の展望風呂は圧巻で、全館どの浴槽も100%源泉かけ流しというのがうれしい。四季折々の食材を使った深山懐石料理も評判を呼んでいる。

泉質が自慢　箱根の老舗宿

〈ヨ〉箱根芦之湯温泉　松坂屋本店（神奈川県箱根町）

古くから温泉町として知られた箱根。その中でとびきりの「元気温泉」としてオススメしたいのが、1662年創業、360年を超す歴史を持つ松坂屋本店だ。毎分200リットル以上噴出している源泉は、「硫黄泉」「硫酸塩泉」「炭酸水素塩泉」という三つの成分が入っており、泉質としても素晴らしい。大浴場「権現の湯」、貸切個室風呂「万右衛門の湯」ともども、100%源泉かけ流しで、心ゆくまでお湯を楽しむための心遣いが感じられるだろう。

飛騨造り風情たっぷり露天風呂

〈タ〉福地《ふくじ》温泉　湯元長座《ちょうざ》（岐阜県高山市）

福地温泉は、奥飛騨温泉五郷の一つ。発祥は1969年と比較的歴史は浅いが、「元気温泉」が三つもある。湯元長座は、リーダー格の小瀬武夫さんが作り上げた宿だ。飛騨造りと呼ばれる古民家を解体移築した建物が、圧倒的な風情を醸し出しているのが特徴。川のせせらぎが聞こえる露天風呂が七つ、内風呂も五つと、浴槽の数が多い。裏山を散策する楽しみもこの宿は用意してくれている。

奥飛騨に日本家屋の粋な宿

〈レ〉福地温泉　かつら木の郷《さと》（岐阜県高山市）

小瀬武夫さんの次男・優さんが営む、日本調の建築の粋を尽くした宿である。4000

坪の広大な敷地に離れ風の棟が点在し、渡り廊下で結んでいる。檜造りの大浴場、岩造りの露天風呂、それぞれの魅力を味わうことができる。

透明とにごり湯同居させた知恵

〈ソ〉福地温泉　元湯孫九郎（岐阜県高山市）

4本の自家源泉から噴出する高温の源泉を、プレート式熱交換器を4台も使って適温に調節、お湯のパワーを大切にしている宿である。無色透明の内湯、緑褐色のにごりのある露天風呂など、湯船によって異なる泉質を体感することができる。ご主人の沖本啓介さんのこだわりがあちこちに見受けられる。

成分を薄めるものか薬師の湯

〈ツ〉黒川温泉　旅館山河《さんが》（熊本県南小国町）

九州・熊本県で人気を誇る黒川温泉。源泉の温度が高く、多くの宿は適温にするために加水している中で、自家源泉のパワーを最大限に活用しているのが山河である。薬師の湯としての伝統を尊重し、ありのままの自然と調和した宿づくりを目指しているのが素晴らしい。30人は入れる豪快な露天風呂「もやいの湯」をはじめ、「六尺桶風呂」「切石風呂」「桧風呂」など、タイプの違う浴槽をそろえているのも楽しい。

手づくりは自慢料理も浴槽も

〈ネ〉産山《うぶやま》温泉　やまなみ（熊本県産山村）

熊本県の田園風景の中に民芸調の古民家が姿を現す、奥阿蘇の宿・やまなみである。ご主人は農業のかたわら民宿を営んでいたところ、平成18年に温泉を掘り当て、温泉旅館に。自家栽培の無農薬野菜をふんだんに使った地元料理が人気で、女将手づくりの漬物も。名水百選に選ばれた産山温泉の美味しい水を生かしている。熱めのアルカリ性単純泉の風呂は、大浴場「かぼちゃ湯」、露天風呂「四季の湯」とも、ご主人が手づくりしたもの。家族風呂もそれぞれ異なる趣の浴槽だ。

明治から傷を癒した歴史の湯

〈ナ〉妙見《みょうけん》温泉　おりはし旅館（鹿児島県霧島市）

南九州を代表する源泉かけ流し温泉が、おりはし旅館だ。毎分260リットルという湯量を誇り、大露天風呂（えのきの湯）、内湯（キズ湯・竹の湯）、さらには13の離れ客室の露天風呂と、ふんだんに使われている。33度とぬるめのキズ湯には、ゆったり浸かるのが作法。創業は明治12年で、戦時中は軍人たちの傷を癒すためによく使われたという。趣ある大正時代の建築が残されており、山々に囲まれた1万坪の敷地には季節の花が咲き誇る。

静寂のお湯で平和を噛みしめる

〈ラ〉吹上《ふきあげ》温泉　みどり荘（鹿児島県日置《ひおき》市）

「元気温泉」、最後にご紹介するのは、鹿児島県の大自然の中、静寂そのものの別天地と言えるみどり荘だ。名前に使われた「みどり池」のほとりにあり、池を眺めての入浴は格別。とろっとした肌触りのお湯が心地よい。実は太平洋戦争の末期には、特攻隊出撃を控えた若者たちの「最後の休養の地」という役割を果たした歴史がある。平和の尊さを噛《か》みしめての入浴はいかがだろうか。

第6章

古代ソマチッドと温泉ミラクル

若返り20歳もという奇跡

全国に数少ない「超元気温泉」や「元気温泉」をご紹介しましたが、温泉で健康をもたらす要素として私が注目しているのが「古代ソマチッド」です。この章では、これに触れましょう。

私と会った方が口をそろえてびっくりするのは、「87歳の老人」のヨボヨボしたイメージを裏切るような若さでしょう。この年齢にとても見えない肌のつやがあり、顔のしわやたるみ、くすみなども少ないのです。

これこそ、温泉を通じての「奇跡の若返り」で、この本を出そうと思った動機の大きな部分を占めています。身をもって体験しているから、確信が持てるのだと言えるでしょう。この若さをもたらしたのが古代ソマチッドだとすれば、皆さん興味が湧くのではないでしょうか。

私が「ソマチッド」という言葉を知ったのは、テレビ番組がきっかけでした。十数年前になりますが、プロデューサーとして温泉に関連したドキュメンタリー番組を制作しようとして、豊嶋先生という大物医師を取り上げ、人間ドキュメントの特集を撮りました。そこで語られたのは、先生は古代ソマチッドが含まれている日本の温泉で、数々の大病を患った患者を治したということです。

「ソマチッド」とは何かということですが、フランスの研究者が言い出したものです。ベシャンという科学者が、恐竜が生きたまま倒れて血が噴出し、岩石に染み付いたのを発見し、ガストン・ネサン博士がその化石に含まれている微粒子について、「上手に活用すれば、人間は100歳まで生きられる」と発表したことから、一大センセーションを巻き起こしたのが、ソマチッドと呼ばれるものです。

豊嶋先生は、全国を巡って調査を続けた結果、本物のソマチッドの含まれている温泉を栃木県で発見し、あちこちに出回っていると思われる偽物と区別するために「古代ソマチッド」と呼ぶことにしたのですね。

そして、古代ソマチッド化石と温泉との相乗効果で、直腸がんを患う静岡県在住の64歳の女性の治療に取り組み、カメラを向けて、わずか10日間で実際によくなったのを私は映像として収めたのです。

こんなに短期間で「ガンがよくなる」と言われても、すぐには信じられない人が多いかと思います。ところが、古代ソマチッドを含んだ石と超元気温泉の相乗効果で、ガンだけでなく糖尿病も改善する事例が見られるのです。

現代医学ではなかなか治らないということで、多くの人たちが苦しんでいることからすれば、注目を集めるでしょう。

私は、心の美しい方に元気になっていただき、世の中への貢献を続けてほしいと願っているので、従来の医療とは異なるアプローチで健康をめざす方法を、こうしてご紹介しようと思っているわけです。

ソマチッド天才医師の後を継ぐ

私が20歳以上も若返ったという実感を持つにいたった、具体的なプロセスをお話ししましょう。

豊嶋先生は、重さ800グラムほどの古代ソマチッドの化石を、私にポイっと渡されたのです。先生によると、この石によって、体の隅々まで血の流れをスムーズにするのが主眼とのことでした。血の流れ一つで、病気になったり元気になったりするものだと。

先生は、第4章で紹介した超元気温泉の「湯田中温泉　美湯の宿」で3か月もかけて、懇切丁寧に教えてくださったのですが、古代ソマチッドの石を、お風呂の中で心臓以外の体の部分に当てて、とにかく血の流れをよくすることに努めました。

その結果、血糖値は１４７から１０２に下がり、血圧が上は１７０もあったのが１３５に。うれしかったのは、膝の痛みが取れたことで、駅の階段を手すりを握って上り下りしていたのが、うそみたいにスタコラと歩けるようになったのです。

それだけではなく、視力と聴力がよくなり、顔のくすみやたるみも取れてきたではないですか。

よもやの男性機能まで回復。これは、にわかには信じられないかもしれませんが。

私が、超元気温泉と古代ソマチッドに情熱を注いでいるのは、効果を実際に体感していることのほかに、もう一つ理由があります。それは、豊嶋先生に「後を頼む」と遺言のように言われたことです。

年齢は私の二つ下。昭和天皇の病床に真っ先に駆けつけようとしたほどの天才医師としての横顔を持つ一方で、大酒飲みで女好き、人間味あふれる素顔をお持ちだった豊嶋先生は、８年前の正月、入浴中にぽっくり亡くなってしまったのです。

古代ソマチッドの石を国内で調達する方法を、私だけに言い残された先生。ご恩に報いるためにも、この活動を続けて行くことに燃えているのです。

ソマチッドに関しては、研究がどんどん進められています。第４章でご紹介した奥飛騨ガーデンホテル焼岳でも、専門家と組んで解明に取り組んでいて、『ソマチッドが超活性している！』（ヒカルランド刊）などの書籍にまとめられています。

これから多くの人たちの健康に向けたカギを握る存在になる可能性が大きいと思っています。

本物の温泉であればあるほど、目に見えない小さな存在であるソマチッドが役割を果たしている。このことがどんどんわかって来る流れを感じています。

第7章

「元気温泉くらぶ」と新しい「温泉村」

本物の温泉仲間集まろう

「温泉達人」として、これからどんなことを進めて行くつもりなのかをお話ししましょう。87歳で、夢も希望ももちろん持ち合わせています。

一つは、仲間作りです。本物の温泉を紹介する私の番組を通して、ファンになってくださった方は全国に大勢いらっしゃいます。どこの温泉に行けばいいか、教えてほしいというファンレターが、今も届いたりするのです。温泉を愛好する人たちが参加できて、元気になれる温泉の斡旋《あっせん》をしたり、情報交換や交流などができる会員制の「元気温泉くらぶ」(仮称)を発足させます。

この「元気温泉くらぶ」には、温泉愛好者以外の対象者として、温泉を活用して健康を取り戻したいという方の加入も歓迎します。例えば、糖尿病の方は今の医学では治癒が難しい状況でも、超元気温泉がお役に立つ場合が十分考えられますので。

また、経済的にゆとりがあって、世の中をよくしようという志をお持ちの方にも、入っていただきたいですね。

さらに、コロナ禍で中断していた外国の方々による温泉利用にも、ご縁を結ぶ可能性はあると思っています。韓国には温泉ファンの方が多く、日本の「元気温泉」を利用したい方が少なくないとも聞いています。

「元気温泉くらぶ」を知ってもらい、普及させるためには、まずこの本が、多くの読者を獲得することを願っています。後は、映像ですね。インターネットでの動画配信にも、力を入れて行く予定です。

温泉についてお話しする講演会も、お呼びがかかればどこへでも行きますよ。

心の美しい有名人にも本物温泉の魅力を味わっていただきたいです。歌手の五木ひろしとか、ビートたけしさん、山田洋次監督、俳優の仲代《なかだい》達矢さんあたりにも。

国や自治体の行政との関係については、こう考えます。

実は、本物ではない温泉、もっと言えばきつい消毒液を毎日入れて健康を損ねかねないような温泉がたくさんあるのは、行政の姿勢を反映しているところが多分にあると見ています。国の温泉行政を司る厚労省や環境省の担当者に、温泉の専門家として直言しようとしたこともあるのです。が、彼らは現場のことを何も知らないことが少なくなく、２、３年で担当が代わりますから、腰を据えた政策が打ち出しにくいのだと思います。

もし私に任せてくれるなら、日本の温泉は安全で魅力のあるものに変えられるのに……といった想いもあります。

地方との連携については、有名な温泉地でも、調べてみたら、本物温泉がゼロに近かったという残念な現状もあります。その中で、超元気温泉としてご紹介した岐阜県や山形県などでは、やる気のある経営者が見られ、本物温泉による町おこしができる希望を抱かせられます。将来的には、新しい「温泉村」が生まれ、全国の温泉のモデルの役割を果たして行く、そのお手伝いができればと願っています。

私の「温泉愛」は、本物だと自信をもって言えます。温泉ルネサンスの実現に向けて、生きている限り、取り組みをやめるつもりはありません。

番外編

地獄と天国を繰り返す「温泉達人」

87歳にして意気軒昂《けんこう》な「温泉達人」コモリタケノリ。その波乱に満ちた半生を、番外編として振り返ります。聞き手は、日本語アーティストおのみんです。

戦時中、本と食料ふんだんに

おのみん　昭和の戦前から戦中、戦後、高度成長期、バブル期、平成、令和と生き抜いて来られたコモリさんの半生について、改めてお聞きしたいと思います。浮き沈みの激しい中、後半生では「温泉達人」の色彩が濃いですね。生まれは、私と同じ神戸でしたね。

コモリ　はい。私が生まれたのは昭和11年。やがて戦争へと進む時期に幼少期を過ごしました。

親父は、京都の清水寺で瀬戸物店を営むつもりだったようですが、時代の先行きを読む力があったようで、戦争が必ず起きると予想して、神戸の食糧庁に勤めて公務員になったのですね。実際、戦争が始まっても、食べ物とお金の心配はしなくていいのだと知り、鼻高々。戦時中は、兵庫県の姫路の奥の疎開先に週末帰ってきた父のリュックには、当時は入手が難しい白いお米や缶詰などが入っていて、喜んだものです。「強くなれ」と言っては私を殴り、しごいていた親父でしたが、好きになりました。
親父の言葉通りに強く育ち、子供どうしのケンカでは、相手が上級生でも負けた記憶がないですね。

おのみん　ちなみに私の父は神戸の造船会社に勤めていましたが、どちらかというと温厚で、殴られることはなかったですね。

コモリ　親父のことで言えば、「文学に親しめ」と、私が小さい頃から本をたくさん買ってくれましたね。きょうだい4人の中で男は1人だけ。本をよく読んでいたせいか、学校の成績は国語や社会がトップクラスだったのに、算数・数学や理科はさっぱりできず、コンプレックスの塊だったと思います。とにかく極端な状態が、私の人生には付きまといます。

おのみん　私の場合は、特に母が大の本好きで、本はいろいろ買ってくれましたし、神戸の家には本があふれていましたね。
学校時代のエピソードはありますか？

吃音の俺がラジオで人気者

コモリ　学業の成績がぱっとしなかった私には、吃音《きつおん》を抱えているハンディもあって、「ドモリのタケチン」などと呼ぶ仲間が少なくなかったですね。

おのみん　私も身近に吃音を抱える例を知っているので、雰囲気は見当がつきます。

コモリ　そんな中、高校のとき、記憶力の悪さから、大学進学は考えず、役者にでもなれればと思っていたら、縁あってNHKのラジオドラマにレギュラー出演の話が舞い込んで、実現してしまうのですから、人生、いつ何が起きるのかわからないものですね。

おのみん　どんなドラマだったのですか。

コモリ　「若い世代」と名が付いていましたね。毎週、教室を抜け出して、収録のために大阪のNHKスタジオへ。不思議に声の演技をするときは吃音が出ないのです。番組を聞いた生徒が「ウチの学校にスターが生まれた」と言い出すし、女子生徒にもにわかにモテモテに。3年のときの担任の村上先生は、親父に対して、「息子さんは、高い想像力を持った感性の持ち主で、個性も強いです。大学は無理でも、舞台で役者になりたいそうだから、やらせて上げなさい」とおっしゃってくれたのです。

おのみん　何だかドラマティックですね。

コモリ　まだまだ序の口ですよ。

大学進学は無理だと周りから思われていたのですが、役者になるための勉強がしたかったので、日大芸術学部を受けたら合格。このときの日芸は、ペーパーテストより、実技の採点を重視していたようです。

おのみん　東京では、どんな学生生活を。

授業には行かず映画と観劇と

コモリ　神戸から上京して、入学した日芸ですが、美人と男前がわんさかいるものの、授業はつまらなかったですね。そこで、新劇の舞台やモスクワ芸術劇団の芝居などを観ました。映画も、当時多かったアメリカものはつまらないと避けて、イタリア・フランス・ロシアの映画を観ました。本もよく読みましたよ。

親元から送られてきた月5000円の仕送りだけでは足りなかったので、アメリカ軍相手に音楽を聞かせる店で、バンドボーイのアルバイトをしました。

結局、日芸では役者の勉強にならぬと思い、2年で中退し、俳優座の養成所を受けたのですが、不合格。どうしようかと思っていたある日、同じく役者をめざす青山という男に朝早く下宿でたたき起こされて、受験したのが、八田元夫演出研究所（八研）という劇団の研究生の試験でした。応募が150人以上と聞かされて諦めていたら、合格。まさか、海のものとも山のものともつかない自分が受かってしまうなんて！

この八研が、その先の人生に大きく影響するのです。ちなみに、青山くんは17人の合格者には入れませんでした。

演技力あってもセリフ入らない

おのみん　劇団の研究生活は、大変だったのでは。

コモリ　私が得意だったのは、スタニスラフスキー演劇論に基づいた「エチュード」という稽古《けいこ》でした。「赤くなったストーブに座るとどうする？」などと場面を設定して、即興で演じるのですが、これはすこぶる好評でした。ところが、セリフのある稽古になると、記憶力が悪いためセリフが出て来ず、演出家に叱られてばかりでした。

　このため、公演でもチョイ役しか回って来ないので、腐っていたのです。

おのみん　そこでまた、いいことが？

コモリ　大根役者の私に何かと目をかけてくださる沢山健次郎さんという演出家には、お世話になりましたね。

「そう腐ってばかりいないで、女性と遊んできなさい」とお金を渡されたり、ビフテキをご馳走してくださったり、「結婚と恋愛は違うから」と、女性の見分け方を教えてもらったり。沢山さんの教えに従って、「女としての魅力より、誰からも可愛がられる人間性を」と選択したのが、今の女房です。

おのみん　お話を聞くと、最適なタイミングでの人との出会いによって、人生は導かれていることがわかりますね。

私もつくづくそう感じます。両親や弟といった人生の出発点における家族をはじめ、学校や習い事の先生たち、仕事関係、数え切れない趣味の関係、何百・何千・何万というご縁の導きで生かされているのですよね。

温泉という裸と裸の付き合いを可能にするコミュニケーション装置に、こよなく惹かれるのも、人との出会いのドラマが象徴的に現れやすいからかもしれません。

コモリ　私は、第1章でお話ししたように、新劇の役者をしていた時期を経て、「鬼原（藤原）」さんのお誘いに乗る形で50代に放送界に移り、手がけた温泉番組がヒットを連発したことから、温泉探究の旅を始めたのです。その後も、テレビの世界では、日テレの敏腕プロデューサー柏木さんや、後ほど触れる石井さんたちと組んだことから、「視聴率男」

「温泉の達人」といった呼び名を頂戴する歩みを達成することができました。

アダルトの修業で人を観察し

おのみん　テレビ業界では、どんな苦労が。

コモリ　「高視聴率男」として名を馳せた私ですが、最初からうまく運ぶほど甘い世界ではないんですね。

第1作もその次もぱっとしない視聴率、よし！　と頑張った第3作も駄目だったことから、藤原さんから「外で視聴率を取る勉強をして来い」と、言い渡されてしまうのです。

おのみん　で、どうされたのですか。

コモリ　温泉といえば、裸じゃないですか。「視聴率を取る勉強」になるかどうかはわからないけれど、神戸の同郷で、アダルトビデオ業界で大成功している友人の顔が浮かび、連絡を取ったところ、破格の報酬付きで、アダルトのプロデューサーをやらせてもらうことになったのです。

おのみん　なるほど。裸つながりですね。ちなみに同じ神戸出身の私も、東京に出て来てから長いのです。

アダルトビデオの世界で、「学び」は得られたのですか？

コモリ　始めてみると、イメージと実像の落差、つまり人間というものの表と裏について、気づきが多かったですね。1作目、千葉の海の見える旅館を借り切っての撮影でしたが、オーディションに集まった女の子の顔ぶれを見て、それまでの「アダルト女優」のイメージがぶっ飛びました。みんな普通の女の子で、しっかりした目的があって、しかもいい女なんですよ。

おのみん　なるほど。裸を通じて、人間観察の機会を与えられたわけですね。

コモリ　あと、勉強になったのは、演出方法です。それまで私自身が役者として経験してきたのは、新劇やテレビCMなどでしたが、アダルトビデオでは突き抜けた発想のものが目立ち、池袋の喫茶店で、あやしい動きをする男女を観察する一般客の反応を盗み撮りするような、スレスレの撮影現場もありました。

おのみん　裸の世界での修業が実を結ぶことになったのですね。

コモリ　もうひとつ、アダルトと温泉番組が関連したエピソードがあって、私のプロデュースしたアダルトビデオで、凝りに凝った演出をした石井さんという演出家がいて、その作品を藤原さんに見せたところ、「これは面白い！　ウチで使うから、連れて来い！」という展開になったのです。

　彼を温泉番組のADに起用して、人気のある秘湯の一軒宿を調べてもらったところ、ご主人が某国立大学の有名教授だっただけでなく、皇室関係のお忍びの宿だったのですね。番組では皇室関係のことには触れず、露天風呂のすごさとご主人の人間ドキュメントに絞って紹介したところ、何と16・2％の視聴率を獲得。天が奇跡を与えてくれたのだと思いました。第4章でご紹介した、大丸あすなろ荘の佐藤好億さんです。

　その後、石井さんは各局で引っ張りだこの売れっ子テレビマンに育つのです。

おのみん　テレビドラマ以上にドラマティックな展開ですね。

ちなみに、私はコモリさんより20年少々年下ですが、私の温泉とのご縁は、ジャーナリストとしての取材ではなく、一般客として利用する形が主なものです。発足30年を超えた言葉遊びの会では、毎年「旅行句会」として温泉を訪問しては宿泊を続けていて、幹事の立場で様々な旅館にアプローチしてきた経験を持っています。

さらに、温泉でのコミュニケーションが大好きなことから、誰かと一緒に温泉を楽しむ場面を描写するような川柳（五七五）や都々逸（七七七五）などを数え切れないほど創作していて、「温泉川柳」「温泉都々逸」の第一人者（少なくとも数の上では）との呼び名が当てはまるのではと自任しています。

「温泉達人」のコモリさんと、こうしてコンビを組ませていただくのは、実にありがたいと実感しています。

達人の陰に恩人数知れず

おのみん　他にポイントとなる出会いとして、どういうものが挙げられますか。

コモリ　全国の温泉を自分の足で回って調べてきたのですから、今回紹介した七つの「超元気温泉」のオーナーはもとより、各温泉宿の経営者やスタッフの方、情報提供などの協力をしてくださった一般の温泉愛好者の皆さん、研究者としては、温泉分析の権威で日本源泉湯宿を守る会の名誉会長である平野富雄先生や、温泉の水の専門家で法政大学名誉教授の大河内正一先生、本当にたくさんの恩人がいらっしゃいます。

そして、今、私の頭に最も大きく残っている恩人が、天才医師ともうたわれた豊嶋博士です。

おのみん　人との出会いが大切なのは、私も身に染みています。新聞社での仕事もそうですが、日本語アーティストや言葉遊び作家としての活動は、世代を超えたユニークな感性を持つ本物の仲間たちに支えられている面が大きいわけです。音楽などの趣味でもそれは当てはまり、コモリさんと知り合ったのも、コロナ騒ぎが始まった頃、神楽坂のライブハウスに知り合いの女性歌手が出演するライブを見に行った際、コモリさんの友人の方とつながったのがきっかけでしたね。

コモリ　私は子供の頃から、曲がったことは嫌いで。おかしいことはおかしいと、忖度しないで言うことが多かったですね。おかげで、人にすごく気に入られたこともあれば、ひどくたたかれたこともあり、地獄と天国を繰り返してきた私の人生は、正義感が強いところから来ているとも言えるでしょう。
谷底に沈んでもがいている時に、不思議といい出会いがあって浮上するのが私のパターンです。あなたと出会ったのは、総決算的な温泉本をまとめたいと思いながら、具体化できずに苦しんでいた頃で、ラッキーな出会いだったと思います。

おのみん　そうおっしゃっていただけると、光栄です。同じ神戸生まれというご縁も作用したのでしょうか。

コモリ　漫画家の二階堂正宏さんの存在も、苦しい時に支えとなりました。
この本を出し、「元気温泉くらぶ」を軌道に乗せることを通じて、全国の温泉が活性化し、良質のサービスが広がり、多くの人たちに幸せをもたらすという「温泉の奇跡」が現実化することを、心から信じています。

ドー
超元気
温泉ものがたり

ダッ
バッ
クル
トン

天狗かと思いましたよ
ハハハ 源泉の湧出口《ゆうしゅつぐち》を見てまいったのよ
本物だ合格!
ウ〜ム 驚いたねどうもバケモノだなとても84歳には見えないわ

環境省自然環境局の
平成25年のデータによると
日本の温泉宿泊施設に宿泊した
延べ人数は年間で1億3300万回に上る。
1年間に日本人全員が温泉に
1泊した計算になる
しかし日本全国で1万を
超える温泉宿泊施設のうち
本物の温泉宿はたった
1％くらい
しかなーい！

本物の温泉宿を定義する四つの条件とは！
ひとつ！　本物の源泉かけ流しは100％と書かないと偽物である
○
ふたーつ！
加水しないこと
×
三つ！
変に消毒しないこと！「イソシアヌル酸」というこわい薬が入っている湯があるのは問題だ
×
四つ！清潔が保たれていること
○

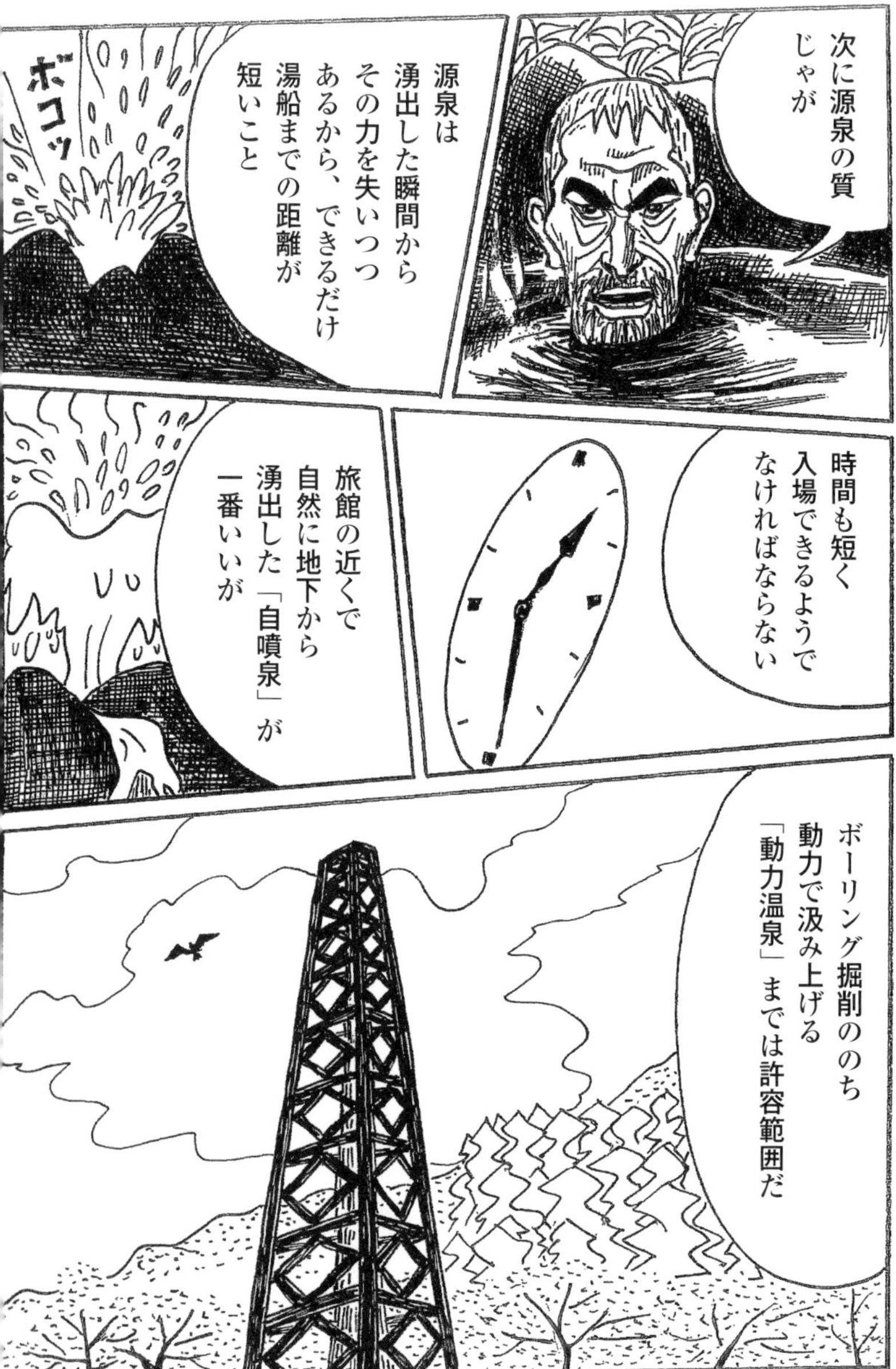

次に源泉の質じゃが
源泉は湧出した瞬間からその力を失いつつあるから、できるだけ湯船までの距離が短いこと
ボコッ
時間も短く入場できるようでなければならない
旅館の近くで自然に地下から湧出した「自噴泉」が一番いいが
ボーリング掘削ののち動力で汲み上げる「動力温泉」までは許容範囲だ

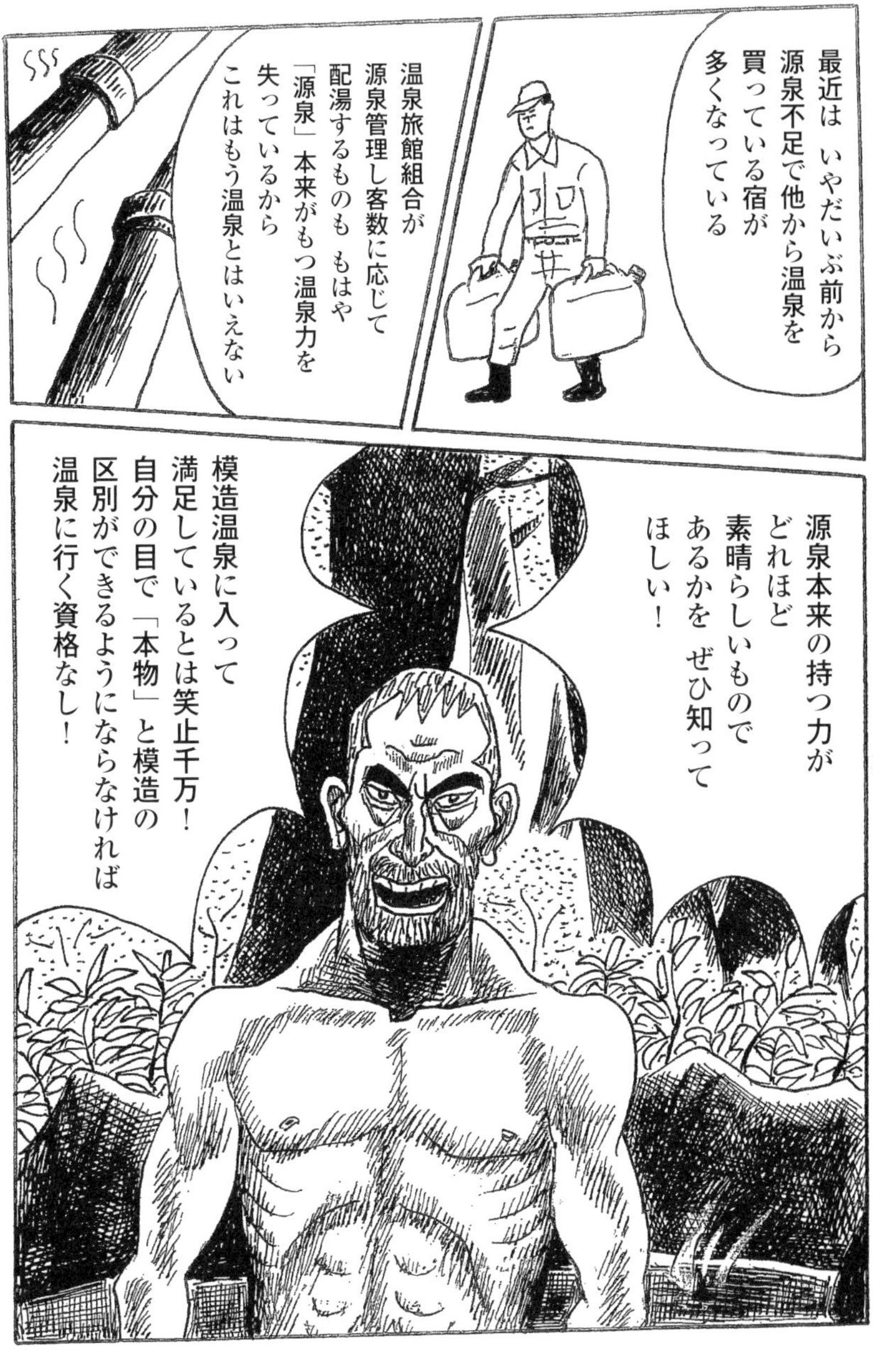
最近は いやだいぶ前から源泉不足で他から温泉を買っている宿が多くなっている
温泉旅館組合が源泉管理し客数に応じて配湯するものも もはや「源泉」本来がもつ温泉力を失っているから これはもう温泉とはいえない
源泉本来の持つ力がどれほど素晴らしいものであるかを ぜひ知ってほしい！
模造温泉に入って満足しているとは笑止千万！ 自分の目で「本物」と模造の区別ができるようにならなければ温泉に行く資格なし！

ここは
温泉仙人大絶賛の
某源泉宿
ここまでの
砂利道に驚かれた
でしょう
ブナの根っ子を
傷めるので
私が県の舗装工事に
反対したのです

秘湯の宿は自然と共生しなければやっていけません
後でご案内しますがこの辺りはブナの木が生い茂っており水を産む木がブナなのです
川の水が汚れて海に辿り着くと 魚が育たなくなります 手入れして山の荒れるのも防がなければなりません
自然あっての日本であり温泉なのです
その自然が時々いたずらをする台風や大雨で露天風呂や源泉がズタズタになることがあるそれでも自然と仲良くつき合っていかんと温泉はなりたたぬ

わしとえらい医者先生と
二人三脚で
末期ガンの進行を止めたり
元気になる温泉を
作ってきた
この温泉もそうじゃ
そういわれると
元気になった
ような気が
してきました
温泉は元々
元気になるもの
わしを見ろ84歳で
60代の元気さじゃ
あっちの方もな
ワッハハハハ

女房に
先立たれ
不自由して
おったわ
最近43歳の
女性と仲良く
なってな 先日
湯河原の温泉に
行ってきたばかりよ

歳をとると体の先まで血が廻《めぐ》らなくなる
特に手と足じゃ
まず足のフクラハギをもむこと30回
ワシはマッサージの名人でもあるんじゃウフフフ
足首や指もよくもむ
ア～ア気持ちイイ～

最近　倦怠《けんたい》夫婦が貸し切り風呂に来るようになった
客室にはフトンが並べて敷いてある
10年ぶりの合体で青春を取り戻して仲むつまじく帰ってゆくほほえましい光景じゃ
が…
風呂の中での合体は絶対ご法度ぞさわり合うぐらいにしておけ
温泉を汚すし身体に悪いでな

最近になって
難病に効く
原因として
「古代ソマチッド」
というものの
存在が指摘
されるようになった
古代の恐竜の
生きたままの骨の中の
血が地下から
出たのが
古代ソマチッド
漢方薬で
最高峰の
竜骨　貝の化石
などにも存在し
古代ソマチッドが
含まれている温泉に
入ると長生き
するといわれている
マイナスイオンを
含む源泉と接触すると
ソマチッドの周りにある
シェルターが破れ外に
飛び出して活動を
はじめる
どんな劣悪な
環境下でも
元気に動き回る
のだ

この「古代ソマチッド」こそ温泉が体に効く正体なのである
「古代ソマチッド」憶えておくがよい
素の源泉には多かれ少なかれソマチッドが含まれていると考えられている
しかしそれは加水されず消毒液も入っていない素のまま100%源泉でなければ効果は期待できない
たった1%の「五ツ星源泉宿」はビックリするほど少ないのだがビックリするほどスゴイのである

その中の何軒かはトンデモない効果を発揮する例も見つかっている
ガンやアトピー難病等々が奇跡に近い治り方をしているのである
あんなに死にたいくらい苦しかったのにあたしすっかり元気になっちゃった

……宿の名前を聞いても誰も知らぬ
だがその宿は奇跡的に難病に効くという伝説の宿である
それが世間に広まると患者が大量に押しかけてくることを恐れて一切公《おおやけ》に宣伝しないから誰も知らない

温泉好きの外国人は実に多い
その観光の目玉として日本の温泉が大きく役立つであろうと思っているが
その温泉の湯船に消毒液「イソシアヌル酸」が入っていることを彼らが知ったらと思うとゾッとする
ワシが五ツ星源泉宿を育てているゆえんである

ワシは胸を張って
外国人に
もちろん日本人にも
この日本のすばらしい自然
宿のたたずまい　食
そして何よりも温泉を
堪能して心身ともに健康に
なってほしいと願っている
以上である
ワッハハハハ

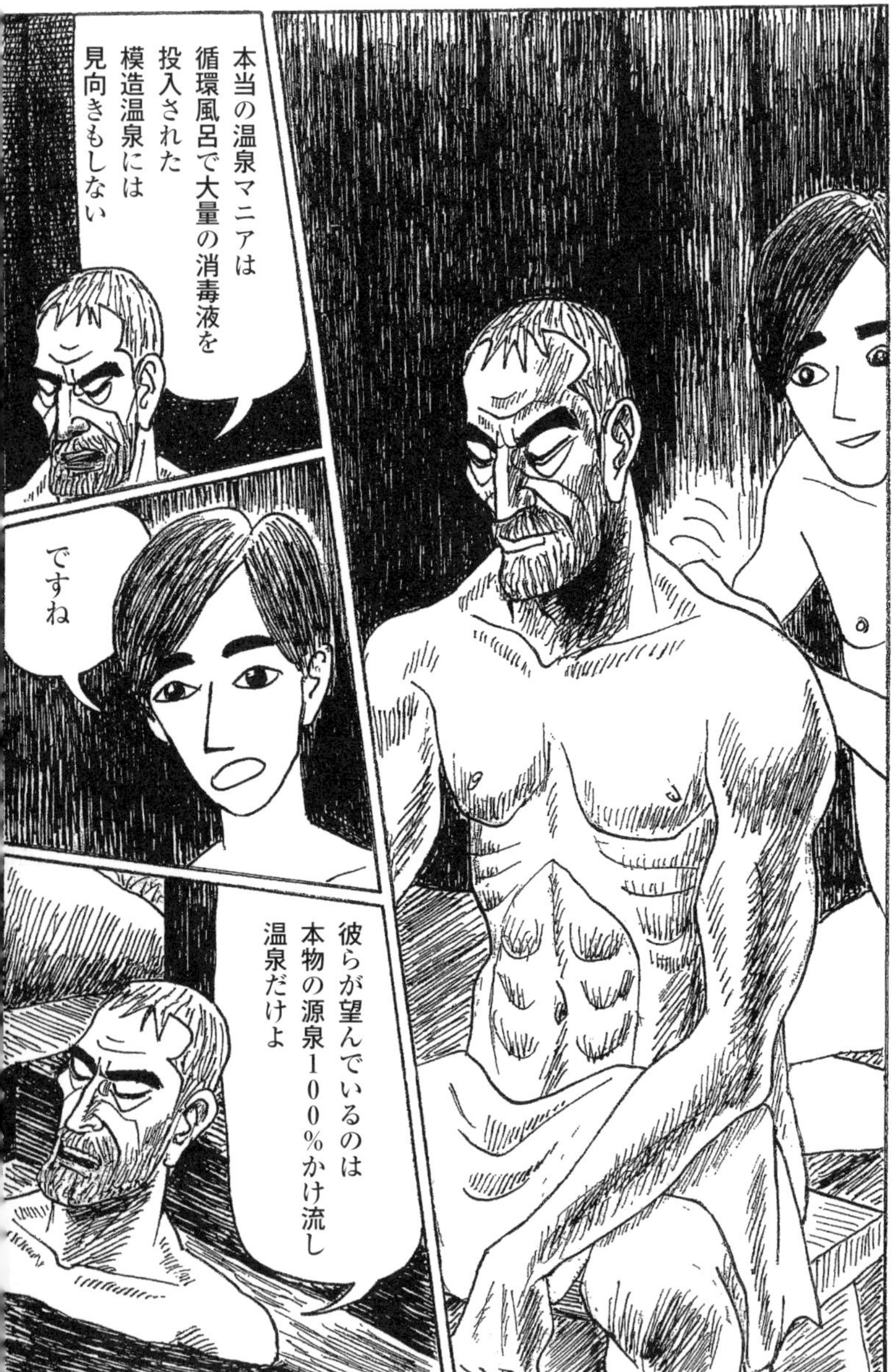
本当の温泉マニアは
循環風呂で大量の消毒液を
投入された
模造温泉には
見向きもしない
ですね
彼らが望んでいるのは
本物の源泉100%かけ流し
温泉だけよ

だが源泉100%を維持管理し守り通すのは容易なことではない
ハイ
手間がかかるし人手もいる金もかかる

結局はそうした志のある経営者がいてその人の不断の情熱と努力
時代の先を見通す力があって初めて成り立つものなのだ
先生のおっしゃるとおりですね

外国人観光客も日本に来て最も楽しみにしているものに「温泉」を挙げる人は多い
オーマイガー
彼らが「模造温泉」で満足し「本物温泉」のすごさを知らずに帰ってしまったとしたら長年温泉に関わってきた人間としてこんな悔《くや》しい話はない
本当にそうですねぼくも悔しいです

そのためにも
現在1％の
100％源泉宿を
まずは10％に
再生するのが
ワシの
願いである
しかし
どうしたら
……
そのために
取っておきの
仕掛けが
あるのだ
エ!?
再生の鍵は
自然との共生である
アー
なるほど

温泉の歴史をひもといてみると驚いたことに一時の金儲けに走った宿は今はあまり残っていない
時に損をしても自然を大切にしている宿が勝つ

自然と共生し源泉を大切に守っている宿こそ温泉再生につながるのだ
先生光が見えてきましたね
天然温泉で免疫力を高めれば新型コロナウイルスもいろんな成人病もこわくはない

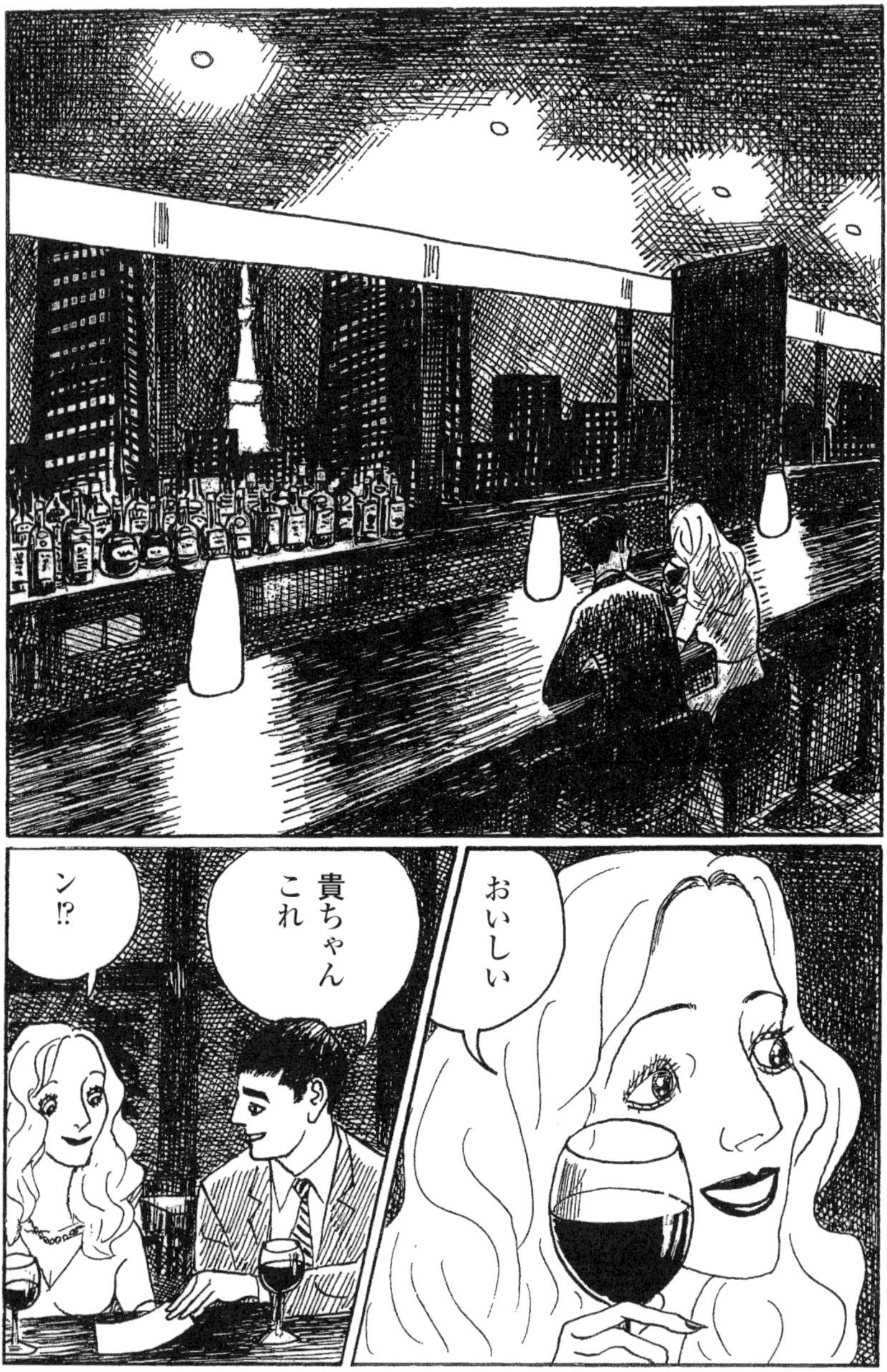
おいしい
貴ちゃん これ
ン⁉

なーに
これ？
そろそろ
こんなデートも
いい頃かなって
思ってさ
滅多に
とれない究極の
温泉宿を
予約したよ
温泉⁉
そ
好きだろ
温泉
まぁね
自称温泉女子
だもん
けどー

混浴かァ
ウーン
いやかい？
それなら
水着で入ろうヨ
究極の
露天風呂は
水着ダメでしょ

ここの温泉
肌にものすごく
いいんだって
フーン
そこで
あたしを
ものにしようって
わけー
アハハハ

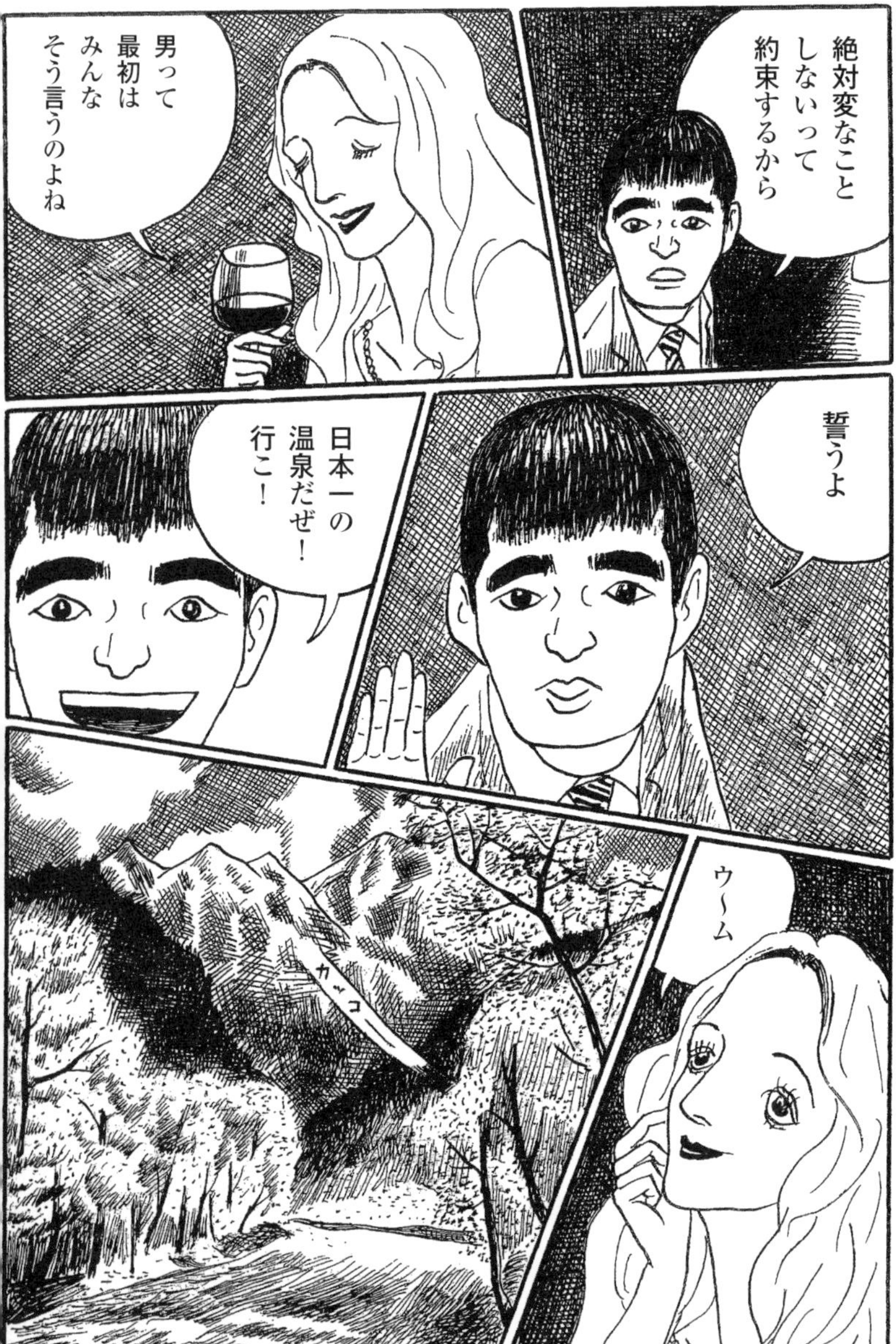

絶対変なこと しないって 約束するから
男って 最初は みんな そう言うのよね
誓うよ
日本一の 温泉だぜ! 行こ!
ウ〜ム
カッコー

まァまァ こんな山奥によーおいで下さいました

すぐお風呂になさいますか？
いいですね入れます？

エエ そこのつきあたりの階段を下りていらっしゃれば野天風呂がございますから
カッコー

いいね！
湯量が豊富みたいだな
ドドー
100%源泉かけ流し加水なし
消毒をしていません…かやっぱり本物だった

キー
ワー
なーーに
これって
ヤバくなーーい
バタン
すご過ぎ
マジで秘湯中の
秘湯って
感じね
だろ

いらっしゃいませ――っ
入口

ザブーーン
アッ
ハハハ
いやー
なーーに

ご ごめんなさい
いいんですって

失礼 しまーす

だいたーん

あの――
ちょっとお聞きしてよろしいでしょうか
な――に？

どうして仰向けに？
心臓部分を少し湯から出して入るのが体にいいからよ
それにとっても気持ちいいの

露天風呂って最高ね
マイナスイオンが10万の数値で古代ソマチッドと結合して温泉パワーがすごいのよ
ソマチ…？
チッド
ソマチッドって何ですか？初めて聞いたわ
女性の肌にとってもいいものよ もちろんお肌ばっかりじゃないけど
そういえばお姉さんのお肌すごーくきれい
温泉効果よ この宿に20日間泊まって自分の肌で試しているの…

20日間も
温泉のこと研究しているんだもの
お姉さん25ぐらいかな
40だよ
エーッ信じられなーーい
でも温泉の中に顔をつけられないし
つけていいのよ
10秒5回ぐらい繰り返すのよ
ワーホント？いいこと聞いちゃった
泉質で目に少しシミるけど害にならないから大丈夫

それにここの温泉は
ガンとか認知症予防にも
効果があることが
わかったんだ
もちろん
1泊や2泊じゃ
効果は期待
できないが
特に認知症は
少なくとも1か月
1日4～5回は
指と頭を使いながら
入浴すれば
予防できるらしい
アッ
失敬失敬
話に割り込んで
ごめん
アハハハ
ポツッ

や どうも
フー うまっ!
お話の ソマチッドの畑の 野菜や果物ばかり じゃなくて 海のものも おいしいですね
エエ ここは山奥ですけど 車で1時間も行けば 日本海ですので 魚介類も新鮮な ものをご用意でき ますの
夢にまで見た 理想の温泉郷 ですよ ここは! 気に入りました
ありがとう ございます

ここの温泉効くわねー
湯だけは自慢ですの
特にあっちの方に
ハッ？
ゆんべうちのジジィがわしの股ぐらに手をつっこんできやがってヨ ゲハハハ
まァ
おかみさんもがんばってっかっ ン!? ガハハハハハ

ゴ
ス
!?
り
カタガタガタ
すごい嵐に
なっちゃった
あたし
こわくって

ふしだらな
女だと思って
いるでしょ
いや
とんでもない
いいの
わかっているわ
きょう初めて
逢った人なのに
あたしったら
ごめんな
さいね
ぼく
うれしいです

さっき
お会いしたとき
歳がいもなく
胸がキュンと
なっちゃって
ぼくも
です
ひと目惚れ
したのよ
初めての経験だわ
生まれた時から
ズーッと捜して
いた人に　やっと
逢えたんだと
思ったの

やめて
ケンジ
やめてったら！
誓ったでしょ
誓った
けどさ
ぼく……
貴ちゃんの
こと死ぬほど
好きなんだ！

ウン
有名A温泉から娘にインチキ書かせないでという内容証明が届いたのよ
やっぱりきたか
母さん心配しないで
週刊B社もウソかマコトかを取材するそうヨ
ヘェーそう
面白くなってきたわ
ウソ誤魔化しオベンチャラだけはあたしおことわりなんだからフン！

こんなこと書いて大丈夫なのかい？
大丈夫よだって本当のことだもん
しかし驚いたな～日本全国で1万3000軒ある温泉宿のうち100％源泉かけ流しの宿がたったの1％とは
このままじゃいつかきっと日本の温泉は見捨てられるわ
温泉宿のおやじさんたちに目をさましてもらいたいの
お金はかかると思うアッ
でも本物の温泉をめざしてがんばってほしいの少しずつでもね
温泉に入ったら肌がきれいになった……
痛みや苦しみが少し軽くなった…
心の底から癒された…とか…そんな声聞きたいじゃない

ウン
そりゃ
そうだが
それより
オレたちのこと
なんだけど
ホントに
このままで
いいのかい？
エエ
結婚して
浮気された方が
ショック
大きいから
それに私
今の仕事に
ものすごく
生きがい感じて
いるの
あーあ
オレとの
付き合いより
生きがいが先行か
ま〜ね
愛してるんだから
それで
いいじゃない

ア
エッ やだーッ アレつけなかったの⁉
つけたんだけど途中ではずれちゃってさ
ケンジのバカッ!
できちゃったらどうするのよ!

好きだねー
おかみさんも
あたしとは
大違い
ナミちゃんは
好きじゃ
ないの
かね
きらいじゃ
ないけど
わりと淡白ね
淡白…？
フホフホホ
なによ
その笑い方
やーね
おじさんたら
ナミちゃんの
場合　淡白って
いうより
40にもなって
まだまだねんね
ということかな
フフフだろ？
ムカ

しかしいくら温泉がカラダにいいからって
あんなに毎晩何回も求められちゃあの若僧も長くはないいな
また1年もたたねェうちに新しい墓をこさえなくちゃならねェのかかなわねェなや
アラどうして？おじさん
フホホだからナミちゃんはねんねだって言うんだわい
ザ

ザー
ザー
旦那の墓
前の旦那の墓
旦那の墓
前の前の旦那の墓

また
来ようね
アア
きっとだ

コンコン
おたのしみ中なんなんだけど
駅まで乗っけてってくんない？
アッどうぞどうぞなんなら東京までご一緒に！

ピーッ
あなた私の分まできっと長生きして下さいね

まりこーっ

コモリタケノリ（小森威典）
温泉ジャーナリスト。1936年、神戸市生まれ。新劇の役者として30年以上活動。1985年にテレビ制作会社を設立。NTV、NHKなどで多数制作。120本の温泉番組で高視聴率をたたき出し、温泉の達人の呼び名を持つ。ギャラクシー奨励賞、通産大臣賞受賞。源泉探検隊結成。旅チャンネルで「野口悦男の体にいい源泉の旅」「からだにいい五つ星源泉の宿」「あった！これが本物の源泉宿」などの番組制作に携わる。著書に『正真正銘 五ツ星源泉宿66』『究極の源泉宿73』（以上、祥伝社）など。本名・小森威典。

おのみん
日本語アーティスト。1957年、神戸市生まれ。川柳、俳句、短歌、都々逸、回文など、あらゆるジャンルの日本語作品に通じ、実作も多数。言葉遊び作家・小野竹裏（ちくり）として、複数の句会（文遊会、揚巻の会）を運営。日本老友新聞川柳欄選者。本名・小野秀夫。東大法学部卒業後、新聞社に勤務し、全国版の紙面編集などに携わる。

二階堂正宏　にかいどう まさひろ
漫画家。1948年、宮城県生まれ。東京デザインカレッジ卒。漫画集団同人。1978年、第24回文藝春秋漫画賞受賞。第１回現代童画展入選。第１回読売国際漫画大賞優秀賞。第21回日本漫画家協会賞大賞受賞。2016年、まんが王国とっとり国際マンガ大賞最優秀賞受賞。作品に『極楽町一丁目』『ムーさん』『ムーさん２』『のりこ』『恩讐の彼方に』『無茶四と13人の鎌倉時代』など。「極楽町一丁目　嫁姑地獄篇」は、浜木綿子主演で舞台化、ベッキー主演でテレビドラマ化。一コマ漫画「願望」「電車内化粧」は、さいたま市ユーモアスクエア所蔵。

達人コモリタケノリに関する情報は、以下のサイトに詳しく掲載されています。
「本物の温泉を見極める～温泉ジャーナリスト小森威典の温泉学」
https://www.real-onsen.jp

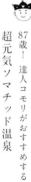

87歳！ 達人コモリがおすすめする
超元気ソマチッド温泉

第一刷 2023年7月31日

著者 コモリタケノリ（小森威典）

発行人 石井健資

発行所 株式会社ヒカルランド

〒162-0821 東京都新宿区津久戸町3-11 TH1ビル6F

電話 03-6265-0852 ファックス 03-6265-0853

http://www.hikaruland.co.jp info@hikaruland.co.jp

振替 00180-8-496587

本文・カバー・製本 中央精版印刷株式会社

DTP 株式会社キャップス

編集担当 川窪彩乃

ISBN978-4-86742-274-8

本といっしょに楽しむ イッテル♥ Goods&Life ヒカルランド

ソマチッドにフォーカスした唯一無二のアイテム
コンディション&パフォーマンスアップに

勢能幸太郎氏

ソマチッドをテーマにした書籍を多数出版し、いち早く注目してきたヒカルランドに衝撃が走ったのは2020年のこと。そのソマチッドが前例のないレベルで大量かつ活発な状態で含有したアイテムが続々と登場したのです！　開発者は独自理論による施術が話題のセラピスト・施術家の勢能幸太郎氏。勢能氏は長年の研究の末、膨大なソマチッド含有量を誇る鉱石との出会いを果たし、奇想天外な商品を次々と生み出しました。ソマチッドとは私たちの血液の中に無数に存在するナノサイズの超微小生命体。恒常性維持機能や免疫系、エネルギー産生などに働き、健やかで元気な状態へと導いてくれます。他ではまねできない勢能氏のアイテムを活用して、生命の根幹であるソマチッドにエネルギーを与え、毎日のパフォーマンスをアップしていきましょう！

ソマチッドを蘇生させ潤いのあるお肌へ

CBD エナジークリーム

■ 33,000円（税込）
●内容量：30mℓ

勢能氏が最初に開発したソマチッドクリームには、ホメオスタシスの機能を高める麻成分 CBD ほか、たくさんの有効成分を配合。クリーム内のソマチッドと体内のソマチッドが共振共鳴し合い、経絡を伝わって体全体を調整します。

１滴の中に無数のソマチッドが存在

ハイパフォーマンスエッセンス

■ 33,000円（税込）
●内容量：30mℓ

高濃度のソマチッド原液そのものを製品化。生活用品や衣類、家電などに直接塗るか希釈してスプレーすれば、周波数を整え、人体へのマイナスな影響を緩和。シャンプーや化粧品などに入れたり、体にスプレーすればパフォーマンスアップにも。

本といっしょに楽しむ イッテル♥ Goods&Life ヒカルランド

電気を使わず素粒子をチャージ
体が「ととのう」ジェネレーター

ヒーリンゴジェネレーター　販売価格：各298,000円（税込）

カラー：青、赤／サイズ：縦118㎜×幅40㎜／付属セット内容：ジェネレーター本体、ネックストラップ１本、コード１本、パッド４枚、収納用袋

※受注生産のため、お渡しまでに１～２か月ほどお時間をいただきます。

浅井博士開発の素粒子発生装置が埋め込まれた、コンパクトながらパワフルなジェネレーター。電気を使わずに大量の素粒子が渦巻き状に放出されるので、そのまま体に当てて使うことで素粒子をチャージし、その人の“量子場”が「ととのう」ように促します。ストラップなどで身につけて胸腺に当てたり、付属のコードを使用して「素粒子風呂」を楽しんだり、市販の水や食材の側に置いてパワーチャージしてお使いください。
さらに内部の素粒子発生装置には、ソマチッドパウダー入りのコイルにソマチッド鉱石も内包され、ソマチッドパワーが凝縮。アクセサリー本体にも、古代より神秘の紋様として知られる「フラワー・オブ・ライフ」のモチーフがあしらわれ、素粒子＆ソマチッドパワーの増幅と、より体に素粒子が流れ込むように力を添えています。

【お問い合わせ先】ヒカルランドパーク

本といっしょに楽しむ イッテル♥ Goods&Life ヒカルランド

3億6千万年前の海底から生まれた温泉水で
エナジーチャージ&クリアリング

ヒーリンゴスプレー

販売価格：3,690円（税込）

内容量：120ml／原材料名：鉱泉水／水質：ナトリウム炭酸水素塩・塩化物温泉／成分：温泉水

奥飛騨ガーデンホテル焼岳の「うぐいすの湯」。源泉100%のこの水に、静電加工、浅井博士の素粒子注入技術と、勢能幸太郎氏の開発した「ハイパフォーマンスエッセンス」を注入してできた、Hi-Ringo オリジナルの温泉水。3億6千万年前の地層から湧き出したソマチッドが極限まで活性化されており、さらに「神楽坂ヒカルランドみらくる」の一部顧客限定サービス「量子最適化」の加工まで施されているというスペシャルな温泉水です。あらゆる場をイヤシロチ化してくれるので、気になる空間や手先などに吹きかけると、悪いエネルギーが浄化され、場や意識、人間関係などを最適な状態へと導きます。

天然温泉水なのでアルコールが苦手、という方にもおすすめです。

★乞うご期待！「温泉水除菌セット」も発売予定！

【お問い合わせ先】ヒカルランドパーク

本といっしょに楽しむ イッテル♥ Goods&Life ヒカルランド

普段は聴こえない倍音までも体感できる

WQE
加工商品

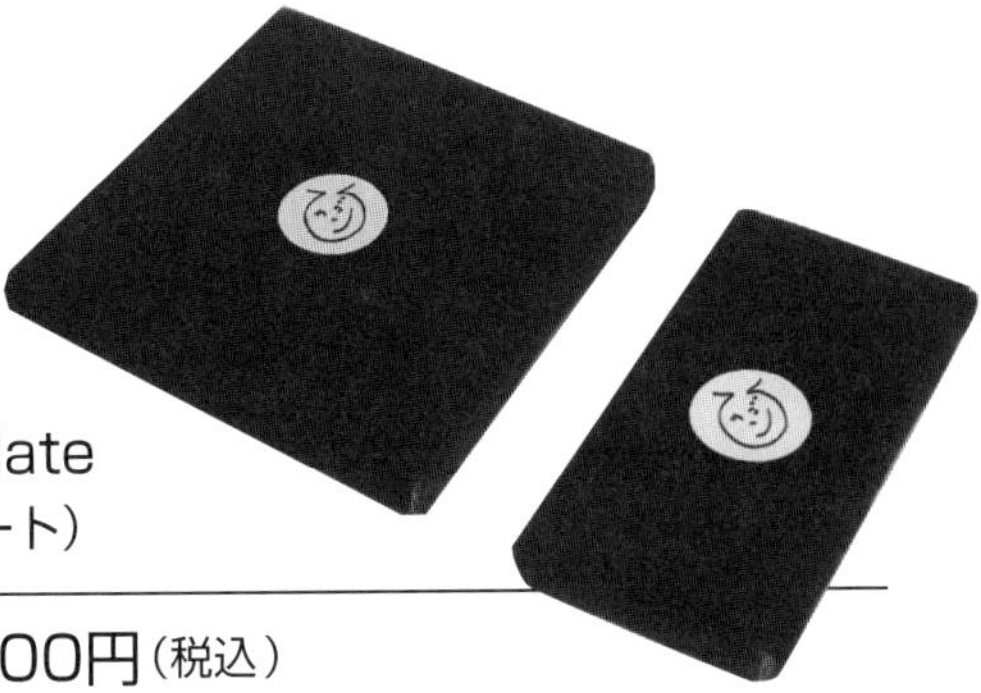

量子 Hi-RinPlate
(ヒーリンプレート)

[小]　33,000円（税込）
[大]　33,000円（税込）

楽器やスピーカーなどに置くだけでWQEの振動によって音のゆがみを整え、楽音に変化をもたらすパワーグッズ。音質がクリアになるだけでなく、普通のスピーカーでは聴こえないような「倍音」までも感じ取れるのです。

本当に良い音を聴いていると、脳内にα波が増え、心地良さや癒しを与えてくれるので、長時間聴いていても疲れることはありません。さらに思考力や集中力が増し、ストレスをやわらげ、安眠をサポートします。

サイズ：[大]縦約54mm×横約54mm×厚さ約10mm　[小]縦約54mm×横約28mm×厚さ約10mm　重量：[大]約20g　[小]約7g　WQE照射範囲：[大]約5m　[小]約2m
※設置する場所や用途に応じてサイズをお選びください。

【お問い合わせ先】 ヒカルランドパーク

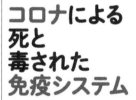

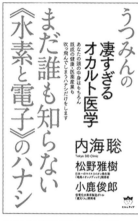

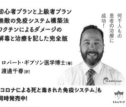

ヒカルランド　光田 秀の本　　好評既刊＆近刊予告！

地上の星☆ヒカルランド　銀河より届く愛と叡智の宅配便

エドガー・ケイシー療法シリーズ、続々と刊行予定！

エドガー･ケイシー療法のすべて
1　皮膚疾患／プレ･レクチャーからの特別収録
著者：光田 秀
四六ハード　本体 2,000円+税

エドガー･ケイシー療法のすべて
2　がん
著者：光田 秀
四六ハード　本体 2,000円+税

エドガー･ケイシー療法のすべて
3　成人病／免疫疾患
著者：光田 秀
四六ハード　本体 2,000円+税

エドガー･ケイシー療法のすべて
4　神経疾患Ⅰ／神経疾患Ⅱ／精神疾患
著者：光田 秀
四六ハード　本体 2,000円+税

エドガー･ケイシー療法のすべて
5　婦人科疾患／男性科疾患／コロナ感染対策
著者：光田 秀
四六ハード　本体 2,000円+税

エドガー･ケイシー療法のすべて
6　美容法
著者：光田 秀
四六ハード　予価 2,000円+税